审计学原理与实务

主　编　尉玉芬
副主编　金璐旻

浙江工商大学出版社
ZHEJIANG GONGSHANG UNIVERSITY PRESS
·杭州·

图书在版编目（CIP）数据

审计学原理与实务 / 尉玉芬主编. — 杭州 ：浙江
工商大学出版社，2020.2(2022.6 重印)
ISBN 978-7-5178-3734-3

Ⅰ．①审… Ⅱ．①尉… Ⅲ．①审计学—教材 Ⅳ.
①F239.0

中国版本图书馆 CIP 数据核字(2020)第 013828 号

审计学原理与实务
SHENJIXUE YUANLI YU SHIWU

主　　编　尉玉芬
副主编　金璐旻

责任编辑	范玉芳　谭娟娟	
封面设计	林朦朦	
责任印制	包建辉	
出版发行	浙江工商大学出版社	
	（杭州市教工路 198 号　邮政编码 310012)	
	（E-mail：zjgsupress@163.com)	
	（网址：http://www.zjgsupress.com)	
	电话：0571－88904980,88831806(传真)	
排　　版	杭州朝曦图文设计有限公司	
印　　刷	广东虎彩云印刷有限公司绍兴分公司	
开　　本	710mm×1000mm　1/16	
印　　张	14.5	
字　　数	263 千	
版 印 次	2020 年 2 月第 1 版　2022 年 6 月第 3 次印刷	
书　　号	ISBN 978-7-5178-3734-3	
定　　价	42.00 元	

目录

第一章
初识审计

学习目标

学完本章,你应该能够:
- 描述审计的定义和分类;
- 了解审计产生的动因;
- 了解注册会计师审计行业,完善自身的职业规划。

导入案例

审计师与猫

某审计师外勤审计期间,住在偏僻小镇的一家小宾馆里。深夜,他看完当天的最后一份底稿,拖着疲惫的身子回到宾馆休息。刚入睡,恍惚间似乎听到有老鼠"吱吱"的叫声。他立马从床上弹起来。别看他这辈子天不怕地不怕,但老鼠是他的克星。别说是真的老鼠,平日里哪怕看到"老鼠"两个字,他都会竖起汗毛。他打电话给前台,说有老鼠,要求换房间。前台立马给他换了房间。没承想,到新的房间后,刚躺下没多久,又听到了"吱吱"声。这一个晚上,审计师就几乎未合眼,一直在换房间。第二天,前台的小妹妹给审计师送来了一只猫,让她的猫陪着审计师在房间里睡觉。审计师终于可以安稳地睡觉了,因为有猫在。

思考:猫的作用是什么?审计师与猫有什么相似之处?

第一节 审计是什么

一、审计的含义

审计是由独立、专业人士(审计师)为确定和报告特定信息与既定标准之间的符合程度,而收集和评价有关这些信息的证据,并将其传达给利害关系人(信息使用者)的过程,如图 1-1 所示。

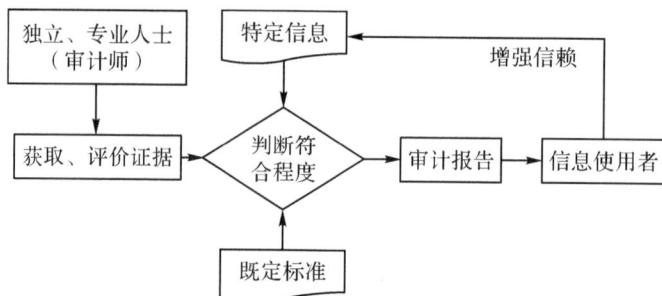

图 1-1　审计的含义图

对于审计,可以从以下几个方面加以理解。

1. 特定信息

要执行审计,必须存在可验证的特定信息,以及审计师来评价这些信息的标准。特定信息的存在形式是多种多样的,比如财务报表、纳税申报表、内部控制报告、信息系统报告等。

2. 既定标准

用以评价特定信息的标准也根据被审特定信息的不同而不同。例如,财务报表所依据的标准是会计准则,内部控制报告所依据的标准是内部控制规范。纳税申报表所依据的标准是相关的税收法规。

根据上述定义,我们可以用以下定义来阐述财务报表审计。

财务报表审计是注册会计师对财务报表是否不存在重大错报提供合理保证,以积极方式提出审计意见,提高除管理层之外的预期使用者对财务报表信赖的程度。

对于财务报表审计,可以从以下几个方面加以理解。

(1)审计的目的是改善财务报表的质量或内涵,增强预期使用者对财务报表的信赖程度。

(2)审计的基础是独立性和专业性,通常由具备专业胜任能力和独立性的注册会计师来执行,注册会计师应当独立于被审计单位和预期使用者。

(3)审计的用户是财务报表的预期使用者,即审计可以有效满足财务报表预期使用者的需求,包括股东、债权人、监管机构等。例如,上市公司年报审计的预期使用者主要是上市公司股东;企业向银行贷款,银行要求企业提供一份能反映财务状况且经过注册会计师审计的财务报表,那么银行就是该审计的预期使用者。

（4）注册会计师应当提供合理保证，不能提供绝对保证。

小 贴 士

①"合理保证"水平可以理解为低于百分之百但接近百分之百，也即注册会计师不能将审计风险降低至零。

②由于审计的固有限制，注册会计师据以得出结论和形成审计意见的大多数审计证据是说服性的而非结论性的，审计只能提供合理保证，不能提供绝对保证。

（5）审计的最终产品是审计报告。审计报告就是注册会计师传递给有关财务报表使用者的审计结果。

二、审计要素

本节以注册会计师财务报表审计为例，介绍审计要素。

审计要素包括：审计业务的三方关系人、财务报表、财务报表编制基础、审计证据和审计报告。

（一）审计业务的三方关系人

三方关系人分别指注册会计师、被审计单位管理层（责任方）和财务报表预期使用者。审计业务三方关系人之间的关系是：注册会计师对由被审计单位管理层（责任方）负责编制的财务报表实施审计工作，获取审计证据，形成审计结论，发表审计意见，以增强除管理层（责任方）之外的财务报表预期使用者对财务报表的信赖程度。

1.注册会计师

注册会计师的责任是按照审计准则的规定，对财务报表发表审计意见。注册会计师通过签署审计报告确认其责任。

2.被审计单位管理层（责任方）

被审计单位管理层是指对财务报表负责的组织或人员，即责任方。

管理层和治理层的相关责任与注册会计师责任的区别

3.预期使用者

预期使用者是指预期使用审计报告和财务报表的组织或人员。预期使用者分为管理层和除管理层之外的预期使用者。预期使用者可能是特定的使用者，例如，用于申请政府补贴的专项审计报告的预期使用者为政府相关部门。若注册会计师无法识别使用审计报告的所有组织和人员，则预期使用者主要是指那些与财务报表有重要和共同利益的主要利益相关者。例如,在上市公司财务报表审计中,预期使用者主要是指上市公司全体股东。

管理层与财务报表预期使用者可能是同一方,也可能不是同一方。例如,某公司同时设有董事会和监事会,监事会需要对董事会和管理层负责编制的财务报表进行监督。责任方和预期使用者虽然来自同一企业,但不是同一方。又如,一家企业的高层管理人员(预期使用者)可能聘请注册会计师对该企业的全资子公司管理层(责任方)直接负责的特定经营管理活动进行审计,但高层管理人员对全资子公司承担最终责任。责任方与预期使用者是同一方。

(二)财务报表

财务报表审计中,审计对象是被审计单位的历史财务状况、经营成果和现金流量。审计对象信息,即财务状况、经营成果和现金流量的载体是财务报表。

(三)财务报告编制基础

财务报告编制基础是财务报表审计中的标准。财务报告编制基础分为通用目的的编制基础(例如会计准则)和特殊目的的编制基础(例如计税核算基础、监管机构的报告要求和合同的约定等)。

(四)审计证据

审计证据是指注册会计师为了得出审计结论和形成审计意见而使用的必要信息,包括会计记录中含有的信息和其他信息。

(五)审计报告

注册会计师应当对财务报表在所有重大方面是否符合适当的财务报表编制基础,以书面报告的形式发表审计意见。

三、审计的分类

(一)审计的基本分类

审计的基本分类是以审计的本质属性为标准进行的分类。审计的基本分类包括按审计主体、内容与目的进行的分类,见表1-1。

表 1-1　审计的基本分类表

分类标准	类别	释义
审计主体	政府审计（国家审计）	由国家审计机关依法对各级政府的财政预算收支、国有企业的经营活动和财务决算所进行的审计,并对查出的问题予以纠正。在我国,中华人民共和国审计署、各地的审计局、审计署派驻国务院各部门和各地的特派员办事处都属于国家审计机关
	社会审计（注册会计师审计）	由民间审计组织（即会计师事务所这类非官方的审计机构）接受委托而实施的审计
	内部审计	由企事业单位内部相对独立的专职审计机构或职员,对本单位部门及其下属组织进行的审计
内容与目的	财务报表审计	主要是对被审计单位的财务报表与会计资料进行审计
	合规审计	审查某个经济主体或个人的财务或经营活动,以确定其是否遵循有关的法律、法规、业务合同或其他规定要求。例如,审核工资率是否低于最低工资标准
	经营审计	是对组织任一部分的经营程序和方法的效率与效果所作的评价。例如对快递公司寄发包裹过程中的效率、正确性及客户满意度进行评价

(二)审计的其他分类

除了上述审计的基本分类,审计还可以按照不同的标准进行分类。例如,按照审计实施时间,可以分为事前审计、事中审计、事后审计和跟踪审计。按照审计的时间是否预先规定,可以分为定期审计和不定期审计。按照审计涉及的范围,可以分为全部审计和局部审计。按照执行的地点,可以分为就地审计和报送审计等。

第二节　我们为什么需要审计

一、审计产生的动因

2019 年年初,股市终于从去年的阴霾中走了出来。老李的几只股票出现了浮盈。老李对去年的股市心有余悸,趁机把股票全部套现,用套现资金在舟山东路投资了一个奶茶店,聘请财管班的张同学当店长。由于老李平时很忙,奶茶店就全权委托张同学负责管理。老李的期望是奶茶店的投资收益能跑赢股市。张同学的期望是老李开的工资能达到星巴克店长的水平;早上晚一点开门,晚上早一点打烊;女朋友来的时候可以免费喝奶茶。到年底,张同学向老李汇报利润情况,那么老李,可以相信张同学的汇报吗?这就需要一个独立于两者的第三人来做鉴证,这时审计师就出场了。

　　上述审计关系有三方面的关系人,包括审计委托人(通常是财产的所有者)老李、被审计人(通常是财产的经营管理者)张同学,以及审计人(独立于委托人和被审计人)。其审计关系可以描述为:审计委托人(所有者)老李委托被审计人(经营管理者)张同学管理其财产,被审计人经营管理所有者的财产并定期报告财产管理状况。这种委托代理关系是审计活动的基础关系。

主要审计动因
理论比较表

　　可见,财产所有权与经营权分离后,由于财产所有者与经营管理者之间信息不对称,财产所有者通过委托审计的方式获得高透明度的信息。财产所有者需要审计,实质上是需要审计对经济活动进行鉴别证明的一种专业服务。

二、对审计的需求

　　为解释审计的需求,我们先来考虑一下某银行向企业提供贷款时需要考虑的因素,事实上银行确定贷款利率主要考虑无风险利率、客户的经营风险和信息风险。

　　信息风险反映的是制定经营决策所依据的信息不正确的可能性。随着社会经济环境日益复杂,决策者获得不可靠信息的概率与日俱增。例如,信息间接来自他人,或者信息提供者与信息使用者的目标不一致,都会增加信息故意或无意错报的可能性;大量或者复杂的交易使得产生错误信息的可能性提高了,并且错误信息有可能被大量信息掩盖而不易被发现。

　　审计对无风险利率、客户的经营风险均无影响,但对信息风险有重大影响,因为已审信息含有这样一个假设:审计后的信息之所以适用于决策过程,是基于它们具有合理的完整性、准确性和无偏性,决策者利用已审信息可以降低信息风险。因为,财务报表不准确是产生信息风险的一个可能因素。假如借款人的财务报表已经过审计,则会提升银行对借款人财务报表的信赖程度,从而银行认为存在的信息风险微小,银行的风险可以实质性的降低,进而借款人的整体借款利率也会降低。又如,某大型集团公司总计有 100 亿元的带息负债,即使该债务的利率降低 1 个百分点,每年也可节约 1 亿元的利息支出。

　　随着企业规模扩大,业务量增多,信息使用者权衡成本效益之后,可能认为应对信息风险最好的办法就是简单地让其保持在一个合理高度。通过执行独立审计降低信息风险是一个可行的办法。随着社会经济的发展,信息使用者对降低信息风险的需求越来越大,例如财务报表是否有重大错报、内部控制是否有效、借款人是否遵守借款合同相关条款,甚至竞赛组织是否公平,网络服务是否具有私密性、安全性等方面,都可以通过审计来降低信息使用者使用相关信息做出决策的风险。

第三节　你想成为一名审计师吗

注册会计师审计连同政府审计、内部审计构成审计体系的"三驾马车",在国家经济监督体系中发挥着不可或缺的重要作用。党中央提出了全面建成小康社会、全面深化改革、全面依法治国、全面从严治党的战略布局要求。"四个全面"对改进和完善国家经济监督体系、促进国家治理体系和治理能力现代化提出了更高要求,这离不开注册会计师审计的支持、配合和保障。本节以注册会计师审计行业为例介绍该行业的发展现状。

一、会计师事务所的发展现状

截至 2017 年 12 月 31 日,全国共有会计师事务所 7434 家(不含分所)。其中,普通合伙所 3422 家,特殊普通合伙所 62 家,有限责任所 3950 家。(见表 1-2)[①]

表 1-2　2016—2017 年我国各类会计师事务所数量表

单位:家

	2016 年	2017 年
普通合伙所	3314	3422
特殊普通合伙所	51	62
有限责任所	4013	3950
合计	7378	7434

我国会计师事务所按组织形式可以分为普通合伙所、特殊普通合伙所和有限责任所。(见表 1-3)《中华人民共和国注册会计师法》规定,不准个人设立独资会计师事务所。

为促进会计师事务所做大做强,国家鼓励大中型会计师事务所采用特殊普通合伙组织形式。采用特殊普通合伙组织形式的会计师事务所,一个合伙人或者数个合伙人在执业活动中因故意或重大过失造成合伙企业债务的,应

---

① 本节相关数据来源于财政部会计司《2017 年注册会计师行业发展和行业管理情况报告》。

当承当无限责任或者无限连带责任,其他合伙人以其在合伙企业中的财产份额为准承担有限责任。合伙人在执业活动中因非故意或重大过失造成合伙企业债务以及合伙企业其他债务的,由全体合伙人承担无限连带责任。

表1-3　我国会计师事务所的组织形式表

组织形式	责任类型
普通合伙所	无限连带责任
特殊普通合伙所	无过失合伙人有限责任,过失合伙人无限责任或无限连带责任
有限责任所	有限责任

二、会计师事务所的业务范围

注册会计师的专业服务根据其是否提供保证划分为鉴证业务与相关服务业务。(如图1-2所示)鉴证业务包括审计、审阅和其他鉴证业务。相关服务业务包括税务服务、管理咨询、代编财务信息、对财务信息执行商定程序等。

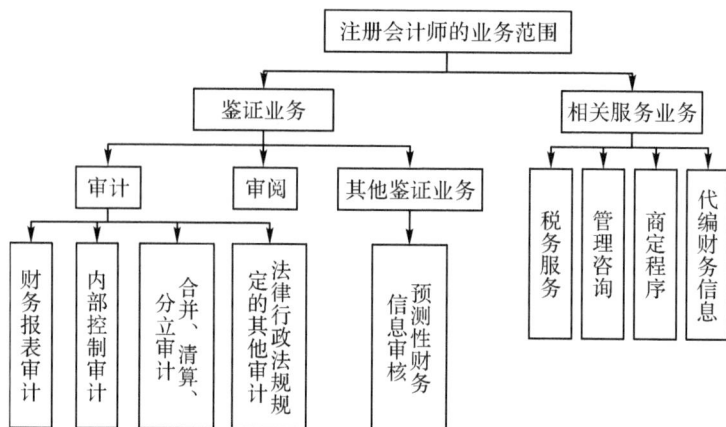

图1-2　注册会计师业务范围图

1.鉴证业务

鉴证业务是指注册会计师对鉴证对象信息提出结论,以增强除责任方之外的预期使用者对鉴证对象信息信赖程度的业务。鉴证业务旨在增进某一鉴证对象信息的可信性。鉴证业务的保证程度分为合理保证和有限保证。

审计属于合理保证(高水平保证)的鉴证业务,注册会计师将审计业务风险降至审计业务环境下可接受的低水平,以此作为以积极方式提出审计意见的基础。以积极的方式提出结论就是从正面发表意见,例如:"我们认为,ABC公司财务报表已按照企业会计准则的规定编制,在所有重大方面公允反映了

ABC 公司 2019 年 12 月 31 日的财务状况以及 2019 年度的经营成果和现金流量。"

小 贴 士

审计业务是法定业务，其他组织和个人不得承办。

审阅属于有限保证（低于审计业务的保证水平）的鉴证业务，注册会计师将审阅业务风险降至审阅业务环境下可接受的水平，以此作为以消极方式提出审阅结论的基础。以消极方式提出结论指不是从正面发表意见，例如："根据我们的审阅，我们没有注意到任何事项使我们相信，ABC 公司财务报表没有按照企业会计准则的规定编制，未能在所有重大方面公允反映被审阅单位的财务状况、经营成果和现金流量。"

其他鉴证业务是注册会计师执行的除审计和审阅业务以外的鉴证业务，根据鉴证业务的性质和业务约定的要求，其保证程度可能是合理保证，也可能是有限保证。

2. 相关服务业务

相关服务业务是非鉴证业务，包括对财务信息执行商定程序、代编财务信息、税务服务和管理咨询等。相关服务业务通常不像鉴证业务那样对注册会计师提出独立性要求。在提供相关服务时，注册会计师不能提供任何程度的保证。

三、注册会计师人才结构及收入现状

截至 2017 年 12 月 31 日，全国共有执业注册会计师 103,453 人，合伙人（股东）32,779 人。（见表 1-4）

表 1-4　合伙人年龄结构表

（%）

年龄	40 岁及以下	41—60 岁	60 岁以上	合计
2017 年	7.65	65.97	26.38	100

从年龄结构看，合伙人年龄集中于 41—60 岁，占比 65.97%。注册会计师年龄集中于 41—50 岁，占比 38.39%，51—70 岁，占比 25.22%。（见表 1-5）可见，注册会计师行业年龄结构趋向于老龄化。

表 1-5　注册会计师年龄结构表

（％）

年龄	30 岁及以下	31—40 岁	41—50 岁	51—70 岁	70 岁以上	合计
2017 年	8.09	21.32	38.39	25.22	6.98	100

从学历结构看,大专及以下学历注册会计师大多为注册会计师考试制度改革前,通过考核取得注册会计师执业资格;随着年龄的增长,该部分注册会计师将逐步退休或者退伙,人数逐年下降。（见表 1-6）

表 1-6　注册会计师学历结构表

（％）

年龄	大专及以下	本科	硕士及以上	合计
2017 年	45.95	48.07	5.98	100

2017 年,行业中女性注册会计师占比 50.33％,男性注册会计师占比 49.67％,男女注册会计师比例基本持平。但是,在合伙人数量上,男性略占优势。（见表 1-7）

表 1-7　注册会计师性别结构表

（％）

	女性	男性	合计
注册会计师	50.33	49.67	100
合伙人	41.96	58.04	100

2017 年度,全行业合伙人平均工资薪酬为 10.35 万元（由于合伙人以分红为主要收入来源,因此平均工资薪酬较低属于正常现象）,高级经理平均工资薪酬为 22.92 万元,经理平均工资薪酬为 12.70 万元,其他人员平均薪酬为 9.25 万元。总体来看,事务所员工平均薪酬与事务所规模呈正相关。（见表 1-8）

表 1-8　2017 年各类会计师事务所各职级人员的平均工资薪酬水平表

金额单位:万元

	合伙人平均工资薪酬	高级经理平均工资薪酬	经理平均工资薪酬	其他人员平均工资薪酬
11 家 H 股所	15.52	54.36	23.24	12.79
其他证券所	20.58	25.30	14.56	9.36

续　表

	合伙人平均工资薪酬	高级经理平均工资薪酬	经理平均工资薪酬	其他人员平均工资薪酬
非证券所	9.32	10.34	7.84	7.16
行业平均值	10.35	22.92	12.70	9.25

四、注册会计师行业未来趋势

1.新的业务领域不断开拓

注册会计师行业的业务结构和服务对象不断拓展。从业务结构看,已由传统审计业务逐步延伸至税务、企业内部控制审计与咨询、医院高校基金会审计、管理会计咨询、预算绩效评价、奥运会申办财政顾问等。从服务对象看,已从企业逐步扩展到行政事业单位。

2.行业走向国际化

在做强做大"走出去"战略的引领下,在中国审计准则与国际审计准则持续趋同的推动下,我国注册会计师行业的国际化程度和国际影响力显著提升。一批中国注册会计师跻身全球会计网络的决策管理层。例如,信永中和、天职国际等会计师事务所在境外取得新突破。

会计证书介绍

复习题

一、判断题

(　　)1.审计是由独立的、专业的审计师为确定特定信息与既定标准之间的符合程度而获取和评价相关证据,并将结果报告给信息使用者的过程。

(　　)2.审计业务不是注册会计师的法定业务,非注册会计师也可承办。

(　　)3.在提供相关服务时,注册会计师应提供合理保证。

(　　)4.在审计业务三方关系人中,管理层可能是预期使用者之一,但不是唯一的预期使用者。

(　　)5.特殊普通合伙会计师事务所的所有合伙人都对事务所的债务承担有限责任。

(　　)6.财务报表审计中的标准是财务报告编制的基础。

(　　)7.审计按其内容与目的分为国家审计、内部审计与注册会计师审计。

(　　)8.审阅业务是指注册会计师对历史财务信息是否不存在重大错报提供有限保证,并以消极方式提出结论。

( )9. 审阅的保证程度低于审计的保证程度,但有限保证要有意义,做到审阅了就比不审阅强。

( )10. 注册会计师的业务范围包括鉴证业务和相关服务业务。

二、单选题

1. 注册会计师对由被审计单位管理层负责的财务报表发表审计意见(提出结论),以增强除管理层之外的( )对财务报表的信赖程度。

A. 委托人　　　　　　　　　　　B. 预期使用者

C. 注册会计师　　　　　　　　　D. 责任方

2. 下列哪项是指注册会计师将鉴证业务风险降至该业务环境下可接受的低水平,并对鉴证后的信息提供高水平保证?( )

A. 无任何保证　　　　　　　　　B. 有限保证

C. 合理保证　　　　　　　　　　D. 绝对保证

3. 下列属于注册会计师的法定业务的有( )。

A. 审计业务　　　　　　　　　　B. 代理纳税申报

C. 管理咨询　　　　　　　　　　D. 代编财务信息

4. 下列业务中非注册会计师不得承办的有( )。

A. 内部控制鉴证　　　　　　　　B. 设计财务会计制度

C. 税务服务　　　　　　　　　　D. 财务报表审计业务

5. 按审计主体的不同,审计可分为( )。

A. 财务报表审计、经营审计、合规性审计

B. 国家审计、注册会计师审计、内部审计

C. 定期审计、不定期审计

D. 报送审计、就地审计

6. 下列有关审计业务的说法中,正确的是( )。

A. 审计业务的最终产品是审计报告和后附财务报表

B. 如果不存在除责任方之外的其他预期使用者,则该项业务不属于审计业务

C. 审计的目的是改善财务报表质量,因此,审计可以减轻被审计单位管理层对财务报表的责任

D. 执行审计业务获取的审计证据大多数是结论性而非说服性的

7. 下列有关注册会计师执行的业务提供的保证程度的说法中,正确的是( )。

A. 代理财务信息提供合理保证

B. 财务报表审阅提供有限保证

C. 对财务信息执行商定程序提供低水平保证

D.鉴证业务提供高水平保证

8.下列有关财务报表审计业务三方关系的说法中,错误的是(　　)。

   A.如果注册会计师无法识别出使用审计报告的所有组织或人员,则预期使用者主要是指那些与财务报表有重要和共同利益的主要利益相关者

   B.审计业务的三方关系人分别是注册会计师、被审计单位管理层和财务报表预期使用者

   C.委托人通常是财务报表预期使用者之一,也可能由责任方担任

   D.如果责任方和财务报表预期使用者来自同一企业,则两者是同一方

9.财务报表审计属于鉴证业务。注册会计师作为独立第三方,运用专业知识、技能和经验对财务报表进行审计并发表审计意见,旨在(　　)。

   A.提高财务报表的可信赖程度

   B.合理保证被审计单位未来的生存能力

   C.为财务报表提供绝对保证

   D.提高被审计单位的经营效率、经营效果

10.下列与注册会计师审计有关的说法中,不正确的是(　　)。

   A.财务报表审计的基础是注册会计师的独立性和专业性

   B.注册会计师审计与政府审计的标准是一致的

   C.审计的存在和发展应归结于企业所有权和经营权的分离

   D.注册会计师审计是由民间审计组织(即会计师事务所这类非官方的审计机构)接受委托而实施的审计

三、多选题

1.下列属于审计要素的是(　　)。

   A.审计证据　　　　　　　　　　B.审计报告

   C.财务报告编制基础　　　　　　D.审计准则

2.审计师应具备专业胜任能力并独立于被审计单位及信息使用者,因为审计的基础是(　　)。

   A.独立性　　　　　　　　　　　B.专业性

   C.合理保证　　　　　　　　　　D.有限保证

3.鉴证业务按照提供的保证程度和鉴证对象的不同,可分为(　　)。

   A.审计业务　　　　　　　　　　B.审阅业务

   C.其他鉴证业务　　　　　　　　D.相关服务业务

4.审计主体有(　　)。

   A.国家审计机关　　　　　　　　B.内部审计机构

   C.被审计单位管理层　　　　　　D.注册会计师

5.审计业务的三方关系人包括(　　)。

    A.注册会计师　　　　　　　　　B.被审计单位管理层

    C.财务报表的预期使用者　　　　D.审计委托人

6.注册会计师鉴证业务可能提供的保证程度包括(　　)。

    A.合理保证　　　　　　　　　　B.有限保证

    C.绝对保证　　　　　　　　　　D.无保证

7.下列有关财务报表审计和财务报表审阅的说法正确的有(　　)。

    A.审计业务以积极方式提出结论　　B.审阅业务以消极方式提出结论

    C.审阅业务提供有限保证　　　　　D.审计业务提供有限保证

8.下列各项中,属于会计师事务所可以从事的业务的有(　　)。

    A.审计业务　　　　　　　　　　B.审阅业务

    C.内部控制鉴证　　　　　　　　D.税务服务

9.下列业务中,注册会计师能够以积极方式提出结论的业务类型有(　　)。

    A.财务报表审计业务　　　　　　B.财务报表审阅业务

    C.内部控制鉴证　　　　　　　　D.会计政策选用咨询服务

10.审计按内容与目的可以分为(　　)。

    A.财务报表审计　　　　　　　　B.合规审计

    C.经营审计　　　　　　　　　　D.内部审计

第二章
审计基本要求

学习目标

学完本章,你应该能够:

- 了解注册会计师执业准则体系;
- 理解注册会计师审计职业道德基本原则;
- 运用注册会计师审计职业道德概念框架判断对遵循职业道德基本原则的不利影响;
- 了解如何保持职业怀疑;
- 了解如何合理运用职业判断。

导入案例

《都挺好》剧中注册会计师朱丽的独立性

对于注册会计师来说,独立性是其职业灵魂。《都挺好》剧中,身为审计工作负责人的朱丽,是苏明玉二哥的妻子,而苏明玉在众城集团任职总经理。因此,朱丽在接到审计项目后,第一要务是全面了解被审计单位的背景资料,包括组织架构和主要管理层。然而,朱丽在未进行谨慎调查的情况下(未察觉到自己的近亲属能够对鉴证业务对象的财务报表施加重大影响),没有采取任何防范措施便执行审计项目,最终因苏明玉在集团会议上公布她们之间的特殊关系而失业。假如朱丽是为了业绩和尽快晋升,知情不报,继续开展审计项目,又作何解?

讨论:注册会计师朱丽在上述两种情况下开展审计项目是否违反了职业道德?

第一节　审计准则

执行审计工作的基本要求是遵守审计准则,遵守职业道德,保持职业怀疑,合理运用职业判断。

审计准则是审计人员在执行审计业务过程中应遵守的行为规范,是衡量审计人员审计工作质量的权威性标准。

我国的审计准则具体分为国家审计准则、注册会计师执业准则和内部审计准则三大类。本节主要阐述注册会计师执业准则。

一、注册会计师执业准则基本体系

注册会计师执业准则体系受注册会计师职业道德规范统驭。截至 2019 年 4 月,财政部发布了由中国注册会计师协会制订的中国注册会计师执业准则,共计 52 项,如图 2-1 所示。

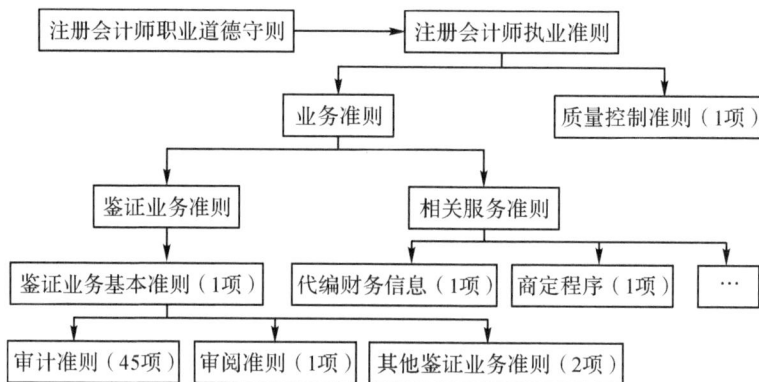

图 2-1 中国注册会计师执业准则体系图

二、注册会计师执业准则体系具体构成

注册会计师执业准则体系由注册会计师业务准则(共 51 项)和会计师事务所质量控制准则(共 1 项)构成,共 52 项。

(一)注册会计师业务准则

注册会计师业务准则由鉴证业务准则和相关服务准则构成,共 51 项。

鉴证业务准则是整个执业准则体系的最主要的部分,共 49 项,分两个层次:第一层次是起统领作用的鉴证业务基本准则;第二层次按照鉴证业务提供的保证程度和鉴证对象的不同,分为审计准则、审阅准则和其他鉴证业务准则。

相关服务准则,是指注册会计师代编财务信息、执行商定程序,提供管理咨询等其他服务所应遵守的职业规范,共 2 项。

(二)会计师事务所质量控制准则

会计师事务所质量控制准则,是指会计师事务所在执行各类业务时应当遵守的质量控制政策和程序,是对会计师事务所质量控制提出的制度要求。

注册会计师执业准则的具体构成见表 2-1。

表 2-1　注册会计师执业准则具体构成表

序号	类别		具体名称	颁布/修订时间
1	基本准则		中国注册会计师鉴证业务基本准则	2006 年 2 月
2	审计准则	一般原则与责任	CSA1101——注册会计师的总体目标和审计工作的基本要求	2019 年 4 月
3			CSA1111——就审计业务约定条款达成一致意见	2016 年 2 月
4			CSA1121——对财务报表审计实施的质量控制	2019 年 4 月
5			CSA1131——审计工作底稿	2016 年 2 月
6			CSA1141——财务报表审计中与舞弊相关的责任	2019 年 4 月
7			CSA1142——财务报表审计中对法律法规的考虑	2019 年 4 月
8			CSA1151——与治理层的沟通	2019 年 4 月
9			CSA1152——向治理层和管理层通报内部控制缺陷	2010 年 11 月
10			CSA1153——前任注册会计师和后任注册会计师的沟通	2010 年 11 月
11		风险评估与应对	CSA 1201——计划审计工作	2010 年 11 月
12			CSA1211——通过了解被审计单位及其环境识别和评估重大错报风险	2019 年 4 月
13			CSA1221——计划和执行审计工作时的重要性	2019 年 4 月
14			CSA1231——针对评估的重大错报风险采取的应对措施	2019 年 4 月
15			CSA1241——对被审计单位使用服务机构的考虑	2010 年 11 月
16			CSA1251——评价审计过程中识别出的错报	2019 年 4 月
17		审计证据	CSA1301——审计证据	2016 年 2 月
18			CSA1311——对存货、诉讼和索赔、分部信息等特定项目获取审计证据的具体考虑	2019 年 4 月
19			CSA1312——函证	2010 年 11 月
20			CSA1313——分析程序	2010 年 11 月
21			CSA1314——审计抽样	2010 年 11 月

序号	类别		具体名称	颁布/修订时间
22	审计准则		CSA1321——审计会计估计（包括公允价值会计估计）和相关披露	2010 年 11 月
23			CSA1323——关联方	2010 年 11 月
24			CSA1324——持续经营	2016 年 2 月
25			CSA1331——首次审计业务涉及的期初余额	2019 年 4 月
26			CSA1332——期后事项	2016 年 2 月
27			CSA1341——书面声明	2016 年 2 月
28		利用其他主体的工作	CSA1401——对集团财务报表审计的特殊考虑	2019 年 4 月
29			CSA1411——利用内部审计人员的工作	2019 年 4 月
30			CSA1421——利用专家的工作	2010 年 11 月
31		审计结论	CSA1501——对财务报表形成审计意见和出具审计报告	2019 年 4 月
32			CSA1502——在审计报告中发表非无保留意见	2019 年 4 月
33			CSA1503——在审计报告中增加强调事项段和其他事项段	2019 年 4 月
34			CSA1504——在审计报告中沟通关键审计事项	2016 年 2 月
35			CSA1511——比较信息：对应数据和比较财务报表	2019 年 4 月
36			CSA1521——注册会计师对其他信息的责任	2016 年 2 月
37		特殊领域审计	CSA1601——对按照特殊目的编制基础编制的财务报表审计的特殊考虑	2010 年 11 月
38			CSA1602——验资	2006 年 2 月
39			CSA1603——对单一财务报表和财务报表特定要素审计的特殊考虑	2010 年 11 月
40			CSA1604——对简要财务报表出具报告的业务	2010 年 11 月
41			CSA1611——商业银行财务报表审计	2006 年 2 月
42			CSA1612——银行间函证程序	2006 年 2 月
43			CSA1613——与银行监管机构的关系	2006 年 2 月
44			CSA1631——财务报表审计中对环境事项的考虑	2006 年 2 月
45			CSA1632——衍生金融工具的审计	2006 年 2 月
46			CSA1633——电子商务对财务报表审计的影响	2006 年 2 月
47	审阅准则		中国注册会计师审阅准则第 2101 号——财务报表审阅	2006 年 2 月

续　表

序号	类别	具体名称	颁布/修订时间
48	其他鉴证业务准则	中国注册会计师其他鉴证业务准则第 3101 号——历史财务信息审计或审阅以外的鉴证业务	2006 年 2 月
49		中国注册会计师其他鉴证业务准则第 3111 号——预测性财务信息的审核	2006 年 2 月
50	相关服务准则	中国注册会计师相关服务准则第 4101 号——对财务信息执行商定程序	2006 年 2 月
51		中国注册会计师相关服务准则第 4111 号——代编财务信息	2006 年 2 月
52	质量控制准则	会计师事务所质量控制准则第 5101 号——会计师事务所对执行财务报表审计和审阅,其他鉴证和相关服务业务实施的质量控制	2019 年 4 月

第二节　职业道德

社会要有序运行,道德约束必不可少。人们将普遍持有的道德价值标准写入法律,但由于价值标准属于判断性质,许多道德价值标准(如关注、谨慎、勤勉)都无法写入法律。社会期望职业人员的品行水准高于法律要求,对职业人员的道德行为有特殊要求。这种特殊要求即职业道德。

职业道德,就是同人们的职业活动紧密联系的符合职业特点所要求的道德准则和行为规范,是职业品德、职业纪律、专业胜任能力及职业责任等的总称。

对审计师而言,让信息使用者认为审计师具有独立性和专业胜任能力是非常关键的。如果信息使用者认为审计师并没有提供有价值的服务(降低信息风险),那么审计报告和其他鉴证报告的价值就会降低,对审计的需求也将因此而减少。因此,社会上存在着促使审计师按照较高职业水准提供服务的巨大需求。

本节主要阐述注册会计师审计职业道德。

一、注册会计师职业道德构成体系

为了规范注册会计师协会会员的职业行为,进一步提高职业道德水平,维护职业形象,中国注册会计师协会制定了《中国注册会计师职业道德守则》和《中国注册会计师协会非执业会员职业道德守则》,并于 2010 年 7 月 1 日开始实施。其中,《中国注册会计师职业道德守则》包括《中国注册会计师职业道德守则第 1 号——职业道德基本原则》《中国注册会计师职业道德守则第 2 号——职业道德概念框架》《中国注册会计师职业道德守则第 3 号——提供专业服务的具体要求》《中国注册会计师职业道德守则第 4 号——审计和审阅业务对独立性的要求》和《中国注册会计师职业道德守则第 5 号——其他鉴证业务对独立性的要求》。具体内容见图 2-2。

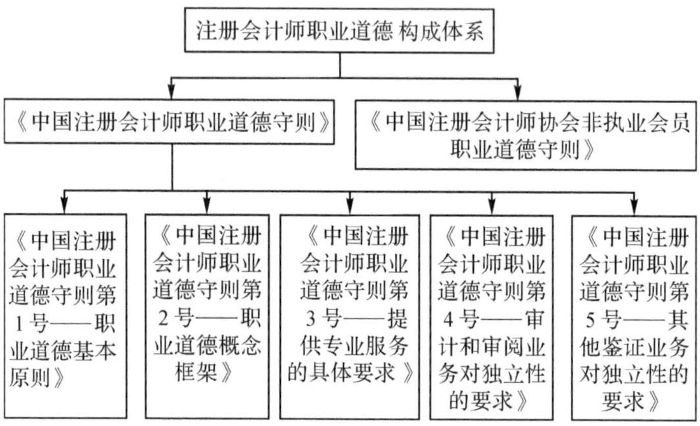

图 2-2　注册会计师职业道德构成体系表

二、注册会计师职业道德基本原则

与注册会计师职业道德有关的基本原则包括诚信、独立性、客观和公正、专业胜任能力和应有的关注、保密、良好的职业行为。

(一)诚信

诚信原则要求注册会计师应当在所有的职业关系和商业关系中保持正直、诚实守信。注册会计师如果认为业务报告、申报资料或其他信息存在下列问题,则不得与这些有问题的信息发生牵连:

(1)含有严重虚假或误导性的陈述;

(2)含有缺乏充分依据的陈述或信息;

(3)存在遗漏或含糊其辞的信息。

注册会计师如果注意到已与有问题的信息发生牵连,应当采取措施消除牵连。

开胃阅读

小王考 CPA 需要告知师傅吗？

小王即将毕业于上海一所大学的会计系。2006 年 6 月,小王去了几家会计师事务所面试,最终接受了某国际会计师事务所审计部的初级实习生的职位。

小王的项目经理老李以严格要求而著称。他特别要求小王按照计划与规定的程序来完成审计任务。开始,他们相处非常融洽。

有一次,老李在与小王共进午餐时,问她有没有报名参加这年的 CPA 考试。小王因担心考不好,所以与老李说没报名,但打算明年报考。老李鼓励小王报考,并愿意借给她复习资料。在年末的几个月中,小王在计划时间内完成了老李分配给她的审计工作,工作底稿也做得非常好。老李对小王的工作十分满意。12 月上旬,小王吃惊地发现自己 CPA 考试全通过了。她告诉了老李这一好消息,但老李反应很冷淡。

有一天,小王接到合伙人打来电话,让小王去他的办公室见他。小王原以为合伙人可能因她通过了 CPA 考试,要嘉奖她。没想到合伙人竟然告诉她,老李与合伙人关于小王考试撒谎的事情谈过几次话,老李表示未来的任何业务都不会让小王参加,因为他认为小王不值得信赖,甚至还建议将小王解雇,因为她的行为表明她不够诚实,不符合注册会计师应有的职业道德。其他合伙人也同意老李的意见。最后,小王伤心地离开了这一著名的国际会计师事务所。

(资料来源:李若山,刘大贤:《审计学》,经济科学出版社 2006 年版)

(二)独立性

独立性原则要求注册会计师执行审计和审阅业务及其他鉴证业务时,应当与客户保持实质上和形式上的独立,不得因任何利害关系影响其客观性。

1. 实质上的独立

实质上的独立是一种内心状态,可以使注册会计师在提出结论时不受损害职业判断的因素影响,诚信行事,遵循客观和公正原则,保持职业怀疑态度。

2. 形式上的独立

形式上的独立是一种外在表现,可以使一个理性且掌握充分信息的第三方,在权衡所有相关事实和情况后,认为会计师事务所或审计项目组成员没有损害诚信原则、客观和公正原则或职业怀疑态度。

【案例 2-1】 W 注册会计师拥有被审计单位 5 万元的债券,即 W 注册会计师与被审计单位有经济利益关系。W 注册会计师在审计过程中发现被审计单位存在重大错报。

(1)如果 W 注册会计师担心披露该错报可能会影响被审计单位已发行债券的兑付,受此影响,W 注册会计师在发表审计意见时没有揭示该重大错报。

(2)如果 W 注册会计师未受此影响,在发表审计意见时揭示了该重大错报。

根据上述情形,讨论 W 注册会计师的独立性。

【案例 2-2】 W 注册会计师进驻被审计单位的第一天就遇到了一件为难的事情。当天正值被审计单位董事长的生日,他给大家发红包,人人有份。W 注册会计师很为难:拿了吧,怕有违注册会计师的独立性要求。不拿吧,不给董事长面子。如果您是 W 注册会计师,您会收这红包吗?

小贴士

①中国注册会计师协会非执业会员以及注册会计师执行非鉴证业务时,由于不需要承担对第三方报告的责任,因此没有独立性要求。

②实质上独立与否很难界定。即使实质上独立,形式上的不独立也会造成预期使用者对审计报告的信赖程度,从而使审计失去意义。因此,实务中,通常以比较容易判断的形式上的独立作为独立性的评价依据。

(三)客观和公正

客观原则要求注册会计师应当实事求是,不得由于偏见、利益冲突或他人的影响而损害自己的职业判断。公正原则要求注册会计师应当公平对待利益各方,不以牺牲一方的利益为条件而使另一方受益。例如,注册会计师面临被审计单位解除业务约定的威胁,而出具满足被审计单位要求的审计报告,即违反了客观和公正原则。

小贴士

客观和公正原则适用于注册会计师提供的各种专业服务,而不局限于鉴证业务。

（四）专业胜任能力和应有的关注

1.专业胜任能力

专业胜任能力是指注册会计师具有知识、经验和专业技能，能够经济、有效地完成客户委托的业务。

（1）注册会计师通过学习、培训和执业实践获取和保持专业胜任能力。

（2）注册会计师应当持续了解并掌握当前法律、技术和实务的发展变化，将专业技能和知识始终保持在应有的水平，确保为客户提供具有专业水准的服务。

（3）当注册会计师在会计或审计以外的领域不具有专长时，可以利用有关专家的工作，从而使项目组具备应有的专业胜任能力。

专业服务要求注册会计师运用专业知识和技能提供服务时合理运用职业判断。

2.应有的关注

应有的关注是指注册会计师遵守执业准则和职业道德规范的要求，勤勉尽责，认真、全面、及时地完成工作任务。

（1）应有的关注要求注册会计师在执业过程中保持职业怀疑态度，运用知识、经验和专业技能，获取和评价审计证据。

（2）注册会计师应采取措施，确保项目组成员得到适当的培训与督导。

【案例2-3】　张某急于成立一个注册资金为1,000万美元的外商独资企业，有关办事人员找到一家会计师事务所验资，并提供了一份经过涂改的现金解款单和存款证明单复印件。该会计师事务所的W注册会计师并未提出任何疑问，就出具了验资报告。

请问：W注册会计师是否违反注册会计师职业道德？如果违反了职业道德，那么W注册会计师应如何执行审计程序才符合职业道德？

（五）保密

注册会计师应当对职业活动中获知的客户信息及所在会计师事务所的涉密信息予以保密。

1.注册会计师的保密责任

（1）未经客户授权或法律法规允许，不得向会计师事务所以外的第三方披露其所获知的涉密信息。

（2）不得利用所获知的涉密信息为自己或第三方谋取利益。

（3）警惕无意泄密的可能性，特别是警惕无意中向近亲属或关系密切的人员泄密的可能性。

（4）在终止与客户的关系之后，也不得泄露所获知的涉密信息。

小 贴 士

《中国注册会计师职业道德守则》中的近亲属包括主要近亲属（配偶、父母、子女）与其他近亲属（兄弟姐妹、祖父母、外祖父母、孙子女、外孙子女）。

【案例2-4】 在一次聚会上，W注册会计师与其同学讨论了其客户单位X公司收购甲公司计划的可行性，一个月后X公司公告了该收购计划。

请问：W注册会计师是否违反注册会计师职业道德？

2.注册会计师的保密例外

在下列情况下注册会计师可以披露涉密信息：

（1）法律法规允许披露，并且取得客户或工作单位的授权。

（2）根据法律法规的要求，为法律诉讼、仲裁准备文件或提供证据，以及向有关监管机构报告发现的违法行为。

（3）法律法规允许的情况下，在法律诉讼、仲裁中维护自己的合法权益。

（4）接受注册会计师协会或监管机构的执业质量检查，答复其询问和调查。

（5）法律法规、执业准则和职业道德规范规定的其他情形。

（六）良好的职业行为

注册会计师应当遵守相关法律法规，避免发生任何损害职业声誉的行为。

注册会计师在向公众传递信息以及推介自己和工作时，应当客观、真实、得体，不得夸大宣传提供的服务、拥有的资质或获得的经验；不得贬低或无根据地比较其他注册会计师的工作；不得暗示有能力影响有关主管部门、监管机构或类似机构。

三、注册会计师职业道德概念框架

(一)职业道德概念框架的内涵

职业道德概念框架是解释注册会计师职业道德问题的思路和方法,用以指导注册会计师:(1)识别对职业道德基本原则的不利影响;(2)评价不利影响的严重程度;(3)必要时采取防范措施消除不利影响或将其降低至可接受的水平。

在运用职业道德概念框架时,注册会计师应当运用职业判断。如果发现存在可能违反职业道德基本原则的情形,注册会计师应当评价其对职业道德基本原则的不利影响。在评价不利影响的严重程度时,注册会计师应当从性质和数量两个方面予以考虑。如果认为对职业道德基本原则的不利影响超出可接受的水平,注册会计师应当确定是否能够采取防范措施消除不利影响或将其降低至可接受的水平。

(二)对遵循职业道德基本原则产生不利影响的因素

注册会计师对职业道德基本原则的遵循可能受到多种因素的不利影响。不利影响的性质和严重程度因注册会计师提供服务类型的不同而不同。可能对职业道德基本原则产生不利影响的因素包括自身利益、自我评价、过度推介、密切关系和外在压力,具体内容见表2-2。

表2-2　对遵循职业道德基本原则的不利影响因素及示例表

不利影响	可能产生不利影响的具体情形举例
自身利益	(1)项目组成员在鉴证客户中拥有直接经济利益或重大间接经济利益 (2)会计师事务所的收入过分依赖某一客户 (3)项目组成员与鉴证客户存在重要且密切的商业关系 (4)会计师事务所担心可能失去某一重要客户 (5)项目组成员正在与鉴证客户协商受雇于该客户 (6)会计师事务所与客户就鉴证业务达成或有收费的协议 (7)注册会计师在评价所在会计师事务所以往提供的专业服务时,发现了重大错误
自我评价	(1)会计师事务所在对客户提供财务系统的设计或操作服务后,对系统的运行有效性出具鉴证报告 (2)会计师事务所为客户编制原始数据,这些数据构成鉴证业务的对象 (3)项目组成员担任或最近曾经担任客户的董事或高级管理人员 (4)项目组成员目前或最近曾受雇于客户,且所处职位能够对鉴证对象施加重大影响 (5)会计师事务所为鉴证业务客户提供直接影响鉴证对象信息的其他服务

续　表

不利影响	可能产生不利影响的具体情形举例
过度推介	(1)会计师事务所推介审计客户的股份 (2)在审计客户与第三方发生诉讼或纠纷时,注册会计师担任该客户的辩护人
密切关系	(1)项目组成员的近亲属担任客户的董事或高级管理人员 (2)项目组成员的近亲属是客户的员工,其所处职位能够对鉴证业务对象施加重大影响 (3)客户的董事、高级管理人员或所处职位能够对鉴证业务对象施加重大影响的员工,最近曾担任会计师事务所的项目合伙人 (4)注册会计师接受客户的礼品或款待 (5)会计师事务所的合伙人或高级员工与鉴证客户存在长期业务关系
外在压力	(1)会计师事务所受到客户解除业务关系的威胁 (2)审计客户表示,如果会计师事务所不同意对某项交易的会计处理,则不再委托其承办协议中的非鉴证业务 (3)客户威胁将起诉会计师事务所 (4)会计师事务所受到降低收费的影响而不恰当地缩小工作范围 (5)由于客户员工对所讨论的事项更具专长,注册会计师面临服从其判断的压力 (6)会计师事务所合伙人告知注册会计师,除非同意审计客户不恰当的会计处理,否则影响晋升

开胃阅读

安永合伙人与客户恋爱,被罚 930 万美元

2016 年,美国证交会(SEC)宣布,对四大会计师事务所之一的安永处以 930 万美元(约合 6,200 万元人民币)罚款,原因是该公司审计合伙人与两家上市公司重要客户的关系过于密切(与客户恋爱)。

美国证交会(SEC)的调查发现,安永一位高级合伙人与其负责审计的纽约一家上市公司的首席财务官发展了不适当的亲密关系。

另一位高级合伙人与其负责审计的另一家上市公司的首席会计官卷入恋爱关系。美国证交会表示,安永对这两段关系都未能采取适当举措。

美国证交会执法部主任安德鲁·塞雷斯尼(Andrew Ceresney)表示:"安永没有采取足够举措来察觉或者阻止这些合伙人与客户建立过于亲密的关系,违背了他们作为独立审计人员的原则。"

(三)对不利影响的防范措施

在具体业务中,注册会计师应对不利影响可以采取但不限于以下防范措施。

(1)取消交易或降低交易规模。

(2)降低对客户的收费依赖。

(3)处置全部或部分经济利益。

(4)将相关人员调离项目组。

(5)提供非鉴证服务的人员或借出员工不能担任审计项目组成员。

(6)合理安排项目组有关成员的职责,使该成员的工作不涉及其近亲属或与其有关系的员工的职责范围,减少其对项目组的可能影响。

(7)向项目组委派经验更丰富的人员。

(8)对关键的职业判断向第三方(如客户审计委员会、监管机构、注册会计师协会或外部专业人员)咨询。

(9)由审计项目组以外的注册会计师复核相关工作。

(10)进行独立的项目质量控制复核。

(11)由其他会计师事务所再次执行项目质量控制复核。

(12)由其他会计师事务所评价或重新执行非鉴证业务。

(13)轮换项目组合伙人和高级员工。

(14)修改审计计划。

(15)与客户治理层讨论有关的职业道德问题。

职业道德概念框架的运用如图 2-3 所示。

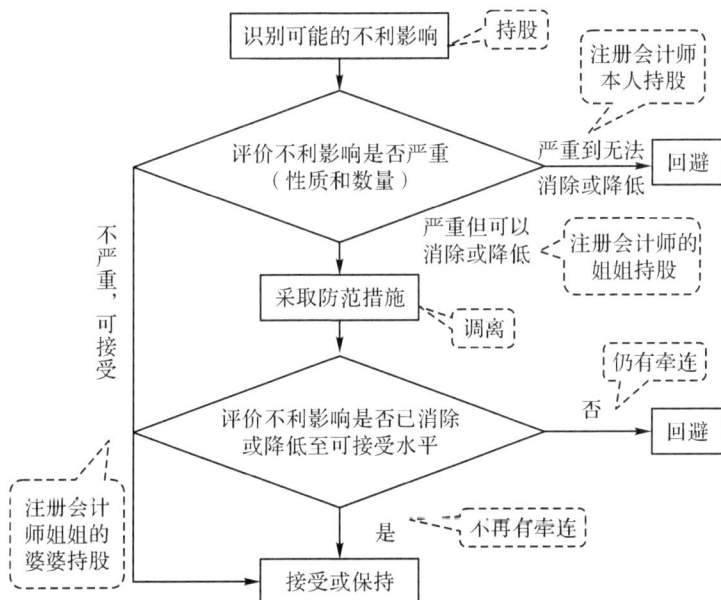

图 2-3 职业道德概念框架示意图[①]

---

① 马春静:《审计:原理与实务》,中国人民大学出版社 2019 年版,第 35 页。

【案例 2-5】　ABC 会计师事务所在 2019 年上市公司年报审计过程中,遇到以下情形(见表 2-3),请分析下列情形对遵循职业道德基本原则产生的不利影响及相应的防范措施。

表 2-3　对遵循职业道德基本原则产生不利影响的常见情形及相应的防范措施表

序号	情形	不利影响类型	防范措施
1	甲公司财务困难,应付 ABC 会计师事务所 2018 年的审计费用 500 万元一直没有支付。经双方协商,ABC 会计师事务所同意甲公司延期至 2020 年年底支付。在此期间,甲公司按银行同期贷款利率支付资金占用费		
2	注册会计师鹿晗的父亲通过二级市场拥有被审计单位 1000 股股票		
3	注册会计师薛某已连续 5 年担任乙上市公司年度财务报表审计的签字注册会计师。根据有关规定,在审计该公司 2019 年年报时,ABC 会计师事务所决定不再由 B 注册会计师担任签字注册会计师,仅仅担任外勤审计负责人		
4	由于被审计单位丙公司降低审计收费导致 ABC 会计师事务所审计收入不能弥补审计成本,ABC 会计师事务所决定不再对丙公司下属的一个重要分公司进行审计,并以审计范围受限为由出具了保留意见的审计报告		
5	ABC 会计师事务所 2019 年年初为被审计单位丁公司担任法律诉讼的第一辩护人		

第三节　职业怀疑

一、职业怀疑的含义

职业怀疑是指注册会计师执行审计业务的一种态度,包括采取质疑的思维方式,对可能表明由于错误或舞弊导致错报的情况保持警觉,以及对审计证据进行审慎评价。

二、职业怀疑对审计工作的要求

(一)职业怀疑要求秉持一种质疑的理念

注册会计师应当具有批判和质疑的精神,摒弃"存在即合理"的逻辑思维,寻求事物的真实情况;注册会计师不应全盘接受被审计单位提供的证据和解释,也不应轻易相信过分理想的结果或太多巧合的情况。

(二)职业怀疑要求对引起怀疑的情形保持警觉

职业怀疑要求注册会计师对相互矛盾的审计证据,对文件记录、对询问的答复的可靠性保持怀疑,表明可能存在舞弊的情况,表明需要实施除审计准则规定外的其他审计程序的情形保持警觉。

(三)职业怀疑要求审慎评价审计证据

注册会计师应质疑相互矛盾的审计证据,审慎评价文件记录和对询问的答复,及从管理层和治理层获得的其他信息的可靠性。在怀疑信息的可靠性或发现存在舞弊迹象时,注册会计师需要做出进一步调查,并确定需要修改哪些审计程序或实施哪些追加的审计程序。

小贴士

审计中的困难、时间或成本等事项本身,不能作为省略不可替代的审计程序或满足于说服力不足的审计证据的理由。

(四)要求客观评价管理层和治理层

如果审计环境发生变化,或者管理层和治理层为实现预期利润或结果而承受内部或外部压力,即使以前正直、诚信的管理层和治理层也可能发生变化,注册会计师不应依赖以往对管理层和治理层诚信形成的判断;即使注册会计师认为管理层和治理层是正直、诚实的,也不能降低保持职业怀疑的要求,不允许在获取合理保证的过程中满足于说服力不足的审计证据。

> **【案例 2-6】**　2017 年,甲上市公司通过发行股份及支付现金方式耗资 60,000 万元购买了乙公司 60% 的股权,交易完成后形成商誉 10,371.66 万元。在这起并购中,原乙公司股东承诺,乙公司 2017—2019 会计年度合并报表中净利润(扣除非经常损益后)分别不低于 1.2 亿元、1.4 亿元、1.6 亿元,三年累计不低于 4.2 亿元。2017—2018 年度,乙公司实现的扣除非经常性损益后归属于母公司股东所有的净利润分别为 1.23 亿元、1.43 亿元,实现了"精准达标"。
>
> 　　请问:关于上市公司"精准达标"问题,注册会计师应如何应对?

第四节　职业判断

一、职业判断的定义

职业判断是指在审计准则、财务报告编制基础和职业道德要求的框架下,注册会计师综合运用相关知识、技能和经验,做出适合审计业务具体情况、有根据的行动决策。

职业判断是注册会计师行业的精髓。职业判断涉及注册会计师执业的各个环节。一方面,职业判断贯穿注册会计师执业的始终,从决定是否接受业务委托,到出具业务报告,注册会计师都需要做出职业判断;另一方面,职业判断涉及注册会计师职业中的各类决策,包括与具体会计处理相关的决策、与审计程序相关的决策,以及与遵守职业道德要求相关的决策。

二、需要运用职业判断的重要领域

在下列决策中职业判断尤为重要:

(1)确定重要性,识别和评估重大错报风险。

(2)为满足审计准则的要求和收集审计证据的需要,确定所需实施的审计程序的性质、时间安排和范围。

2017 年浙江省注协会计师事务所质量检查情况通告

(3)为实现审计准则规定的目标和注册会计师的总体目标,评价是否已获取充分、适当的审计证据以及是否还需执行更多的工作。

(4)评价管理层在运用适用的财务报告编制基础时做出的判断。

(5)根据已获取的审计证据得出结论,如评价管理层在编制财务报表时做出的会计估计的合理性。

(6)运用职业道德概念框架识别、评估和应对对职业道德基本原则的不利影响。

通常来说,注册会计师具有下列特征有助于提高职业判断质量:(1)丰富的知识、经验和良好的专业技能;(2)独立、客观和公正;(3)保持适当的职业怀疑。

注册会计师
法律责任

复习题

一、判断题

(　　)1.职业怀疑要求注册会计师客观评价管理层和治理层。

(　　)2.审计职业判断是指注册会计师针对被审计单位的具体事实和情况,综合运用专业知识、技能和经验,做出有根据的行动决策,无须考虑审计准则、财务报告编制基础和职业道德要求。

(　　)3.如果注册会计师未查出被审计单位财务报表中的错报,则注册会计师应当承担相应的责任。

(　　)4.ABC 会计师事务所准备审计乙公司财务报表,其派出的审计项目组成员 D 曾在乙公司人力资源部负责员工培训工作,目前已经离开乙公司加入 ABC 会计师事务所。这种情况会影响审计独立性。

(　　)5.ABC 会计师事务所派遣同一审计小组,同时为 C 公司提供内部控制设计和财务报表审计业务。这种行为是不正确的,存在密切关系的威胁。

(　　)6.事务所推介审计客户的股份,在审计客户与第三方发生诉讼或纠纷时,注册会计师担任该客户的辩护人,这个属于过度推介威胁。

(　　)7.根据保密原则,注册会计师可以拒绝出庭作证或接受注册会计师协会检查。

(　　)8.审计业务结束后,注册会计师对于在该项审计业务中获知的被审计单位的商业秘密不再承担保密责任。

(　　)9.《中国注册会计师审计准则第 1121 号——对财务报表审计实施的质量控制》用于规范会计师事务所层面的质量控制。

(　　)10.会计师事务所在向审计客户提供非鉴证服务时,可以采用或有收费的方式收取非鉴证服务费用,且无须采取防范措施。

二、单选题

1.如果审计小组成员鹿某的父亲在被审计单位担任 CFO,那么职业道德受到的威胁属于哪种类型?(　　)

A. 过度推介　　　　　　　　　B. 自我评价

C. 外界压力　　　　　　　　　D. 密切关系

2. 如果审计小组成员赵越在审计过程中将被审计单位未公开的利好消息告诉给自己的母亲,其母遂购买了被审计单位的股票。该事件中职业道德受到的威胁属于哪种类型?(　　)

A. 自身利益　　　　　　　　　B. 自我评价

C. 外界压力　　　　　　　　　D. 密切关系

3. 审计小组成员小龙同时为被审计单位提供财务报表审计的业务和设计会计信息系统的服务。该事件中职业道德受到的威胁属于哪种类型?(　　)

A. 自身利益　　　　　　　　　B. 自我评价

C. 外界压力　　　　　　　　　D. 密切关系

4. 会计师事务所如果无法胜任或不能按时完成审计业务,应该(　　)。

A. 减少审计收费　　　　　　　B. 转包给其他会计师事务所

C. 拒绝接受委托　　　　　　　D. 聘请其他专家帮助

5. 注册会计师应当对在执业过程中获知的客户信息保密,但也有例外。下列不属于保密例外情形的是(　　)。

A. 法律法规允许披露,并且取得客户或雇佣单位的授权

B. 法律法规要求披露,包括为法律诉讼出示文件或提供证据,以及向有关监管机构报告发现的违法行为

C. 接受、答复注册会计师协会或监管机构的质量检查,询问和调查

D. 另一客户提出查看的要求

6. 下列哪项是一种内心状态,可以使注册会计师在提出结论时不受损害职业判断的因素影响,诚信行事,遵循客观和公正原则,保持职业怀疑态度?(　　)

A. 实质上的独立　　　　　　　B. 经济上的独立

C. 形式上的独立　　　　　　　D. 组织上的独立

7. 下列关于职业判断的相关说法中,错误的是(　　)。

A. 职业判断能力是注册会计师胜任能力的核心

B. 保持适当的职业怀疑有助于提高职业判断质量

C. 注册会计师工作的可辩护性是衡量职业判断质量的重要方面

D. 注册会计师应当记录在审计过程中做出的所有职业判断

8. 注册会计师在审计时,应保持一定的职业怀疑态度,下列对于职业怀疑态度的表述中不正确的是(　　)。

A. 不能假设管理层是完全诚信的

B. 完全不能相信获得的证据

C. 不能完全相信管理层所做的认定

D. 不应将审计中发现的舞弊视为孤立发生的事项

9. 审计准则要求注册会计师应保持专业胜任能力,就是要求注册会计师必须( )。

A. 谨慎小心地从事审计工作

B. 严格遵循审计准则各项要求

C. 保持超然独立的态度

D. 具备从事审计工作必要的技能和知识

10. 下面有关注册会计师的执业准则体系的相关表述中,正确的是( )。

A. 质量控制准则是针对每个业务项目而制订的,是每个注册会计师及其助理人员都应遵守的标准

B. 质量控制准则和业务准则的目的都在于保证执业质量,质量控制准则要求事务所制订相关政策和程序保证注册会计师在执业过程中遵守业务准则

C. 审计准则为注册会计师执行审计业务提供了行为标准,而职业道德守则为注册会计师执行的各项业务符合相应的专业标准提供了保障

D. 注册会计师执行各类业务时,都应遵守独立、客观、公正、专业胜任能力和应有的关注、保密等职业道德原则

三、多选题

1. 下列各项中,属于鉴证业务的有( )。

A. 财务报表审计   B. 对财务信息执行商定程序

C. 财务报表审阅   D. 代编财务信息

2. 注册会计师职业道德基本原则包括( )。

A. 诚信和独立性   B. 客观和公正

C. 专业胜任能力和应有的关注   D. 保密和良好的职业行为

3. 对注册会计师遵循职业道德基本原则可能产生不利影响的情形有( )。

A. 自身利益   B. 自我评价

C. 过度推介   D. 密切关系

4. 根据注册会计师的专业胜任能力和应有的关注的要求,注册会计师( )。

A. 即使不胜任的业务,也可承接

B. 应当持续了解和掌握相关的专业技术和业务的发展,以保持专业胜任能力

C. 应当保持职业怀疑态度

D. 不得按服务成果的大小收取各项费用

5. 职业道德概念框架的思路包括( )。

A. 识别对遵循职业道德基本原则的不利影响

B. 评价已识别不利影响的重要程度

C. 采取必要的防范措施消除不利影响或将其降至可接受的低水平

D. 如果不能消除不利影响或将其降至可接受的低水平,则考虑拒绝、终止或解除业务约定

6. 下列各项中,可能对职业道德遵循产生密切关系不利影响的有( )。

A. 项目组成员的近亲属担任客户的董事或高级管理人员

B. 项目组成员的近亲属是客户的员工,其所处职位能够对业务对象施加重大影响

C. 客户的董事、高级管理人员或所处职位能够对业务对象施加重大影响的员工最近曾担任会计师事务所的项目合伙人

D. 项目组成员担任或最近曾经担任客户的董事或高级管理人员

7. 在做出下列哪项决策时,审计职业判断尤其必要?( )

A. 确定审计重要性和评估审计风险

B. 确定所需实施的审计程序的性质、时间安排和范围

C. 评价管理层在应用适用的财务报告编制基础时作出的判断

D. 根据已获取的审计证据得出结论

8. 注册会计师执业时应遵守( )。

A. 注册会计师职业道德规范　　　B. 注册会计师业务准则

C. 会计师事务所质量控制准则　　　D. 企业会计准则

9. 我国注册会计师鉴证业务准则包括( )。

A. 相关服务准则　　　B. 审计准则

C. 审阅准则　　　D. 其他鉴证业务准则

10. 以下哪些情形属于密切关系的威胁?( )

A. 收费主要来源于某一客户或者过分担心失去某项业务

B. 项目组成员正在与被审计单位协商受雇于该客户

C. 审计师的近亲属(如配偶、父母、子女、同胞兄弟姐妹等)是被审计单位能够对财务报表产生直接重大影响的员工

D. 被审计单位能够对财务报表产生直接重大影响的员工,如董事、经理等,最近曾是事务所的项目合伙人

四、案例分析题

讨论分析下列事项是否对注册会计师 A 的独立性产生不利影响,并说明理由。

(1)注册会计师 A 拥有华兴公司超过 1% 的股权,华兴公司聘请 A 审计其2019 年财务报表。

(2)注册会计师 A 长期为华兴公司代理记账和代编财务报表,华兴公司聘

请 A 审计其 2019 年财务报表。

（3）华兴公司聘请注册会计师 A 审计其 2019 年财务报表，A 的妻弟担任华兴公司的董事。

（4）华兴公司新收购互联网金融业务，由互联网金融杰出人物担任部门经理。注册会计师 A 不熟悉互联网金融。

（5）注册会计师 A 在 2019 年年初拟为华兴公司担任法律诉讼的第一辩护人。该法律诉讼所涉及金额对其财务报表无重大影响。华兴公司聘请 A 审计其 2019 年财务报表。

（6）注册会计师 A 持有华兴公司 100 股股票，市值 600 元。由于数额较小，注册会计师 A 在接受审计委托前，未处理该股票。

第三章
管理层认定与审计目标

学 习 目 标

学完本章,你应该能够:

- 了解审计的总体目标;
- 掌握管理层认定;
- 理解具体审计目标。

导 入 案 例

管理层说 VS 事实

假设被审计单位全年就一笔收入,而且是赊销。"管理层说"就是:我们有1,000万元的营业收入,也有1,000万元的应收账款。

现在出现以下几种情况:

情况1:经过CPA审计之后发现,这1,000万元全部都是虚构的,"管理层说"的1,000万元是不存在的。那事实是:"主营业务收入"这个科目违反了"发生"认定。"应收账款"这个科目违反了"存在"认定。

情况2:经过CPA审计之后发现,被审计单位今年不止1,000万元收入,而是5,000万元,隐瞒了4,000万元收入。"管理层说"的1,000万元说少了。那事实是:"主营业务收入"这个科目违反了"完整性"认定。"应收账款"这个科目违反了"完整性"认定。

情况3:经过CPA审计之后发现,被审计单位财务小学数学没毕业,收入应该是1,001万元(或者是999万元)。"管理层说"的1,000万元是真的,但是没算准。那事实是:"主营业务收入"这个科目违反了"准确性"认定。"应收账款"这个科目违反了"准确性、计价和分摊"认定。

情况4:经过CPA审计之后发现,被审计单位这笔1,000万元收入是真的,但是由于产品是年底(2019年12月31日)发货的,控制权还没有转移,不能确认收入,只有2020年客户签收了才可以确认收入。所以这笔收入是2020年的而非2019年的。那事实是:"主营业务收入"这个科目违反了"截止"认定。

情况 5：经过 CPA 审计之后发现，被审计单位这 1,000 万元是变卖固定资产获得的，所以这 1,000 万元收入应该计入"资产处置损益"而非"主营业务收入"。那事实是："主营业务收入"这个科目违反了"分类"认定。

情况 6：CPA 对被审计单位固定资产进行盘点，发现有一辆大货车写着"共享大货车"。明显不是自己的，但是被审计单位却把价值 50 万元的大货车计入了自己的固定资产。那事实是："固定资产"这个科目违反了"权利和义务"认定。

资料来源：知乎，https://zhuanlan.zhihu.com/p/35808744，作者 tonyjr。

思考：被审计单位管理层在财务报表中做出了哪些认定？

　　审计目标是指审查和评价审计对象所要达到的目的与要求，它是指导审计工作的指南。审计目标分为审计总体目标和具体审计目标。审计总体目标是指注册会计师为完成整体审计工作而达到的预期目的。具体审计目标是指注册会计师通过实施审计程序以确定管理层在财务报表中确认的各类交易、账户余额、披露层次认定是否恰当。注册会计师在了解每个项目的认定后，就很容易确定每个项目的具体审计目标。

第一节　审计总体目标

　　在执行财务报表审计工作时，注册会计师的总体目标是：①注册会计师对财务报表整体是否不存在舞弊或错误导致的重大错报提供合理保证，并对财务报表的合法性和公允性发表审计意见。②按照审计准则的规定，根据审计结果对财务报表出具审计报告，并与管理层沟通。

　　合法性是指被审计单位财务报表是否按照适当的财务报告编制基础（如上市公司适用的企业会计准则）编制。

小　贴　士

　　财务报表编制基础分为通用目的的编制基础和特殊目的的编制基础。通用目的的编制基础，旨在满足广大财务报表使用者共同的财务信息需求的财务报告编制基础，主要是指会计准则和会计制度。特殊目的的编制基础，旨在满足财务报表特定使用者对财务信息需求的财务报告编制基础，包括计税核算基础、监管机构的报告要求和合同的约定等。

公允性是指被审计单位的财务报表是否在所有重大方面公允反映其财务状况、经营成果和现金流量。

第二节 管理层认定

一、管理层认定的含义

管理层认定是指管理层在财务报表中做出的明确或隐含的表达,它是管理层对财务报表各组成要素进行确认、计量与报告的结果展示。

例如,甲公司 2019 年 1 月 31 日资产负债表中列示存货金额 100 万元,则意味着管理层做出了下列明确的认定:(1)记录的存货是存在的;(2)记录的存货的正确余额是 100 万元。同时,隐含的认定包括:(1)所有应列报的存货都包括在财务报表中;(2)记录的存货全部由本公司所拥有。

> 【案例 3-1】 若资产负债表中列示的货币资金为 100 万元,则意味着管理层做出了哪些明确和隐含的认定?

二、管理层认定的类别

注册会计师在审计过程中通常将管理层认定分为两个类别加以运用。

(一)关于所审计期间各类交易、事项及相关披露的认定

1.发生

发生认定,指记录或披露的交易和事项已发生,且这些交易和事项与被审计单位有关。如果没有发生销售交易,但在销售账中记录了一笔销售(高估),则已记录的销售交易是不真实的,属于发生认定错报。例如,拟 IPO 的公司,为达到上市指标,虚构销售收入,属于营业收入的发生认定错报。

认定的缘起

2.完整性

完整性认定,指所有应当记录的交易和事项均已记录,所有应当包括在财务报表中的相关披露均已包括。如果发生了销售交易,但没有在销售账中记录,则已发生的销售交易被漏记了(低估),属于完整性认定错报。例如,某电商企业为节税,隐瞒收入,属于营业收入的完整性认定错报。

3. 准确性

准确性认定,指与交易和事项有关的金额及其他数据已恰当记录,相关披露已得到恰当计量和描述。如果销售交易中发出商品的数量与发票账单上的数量不符,或是开具发票账单时使用了错误的销售价格,或是发票账单中的乘积计算或加总有误,或是在销售账中记录了不恰当的金额,则已记录的销售交易金额不准确,属于准确性认定错报。

小贴士

准确性与发生、完整性认定之间的区别

(1)准确性认定与发生认定之间存在区别。

案例 a:小赵网店的小二小李,为把荷花酒打造成网红产品,通过刷单大幅提升销量,属于营业收入的发生认定错报(已记录的销售交易不应当记录)。

案例 b:小赵网店的会计小张,在财务系统中录入荷花酒的单价时,错将198 元/盒录为 189 元/盒,导致本年的每一笔销售收入均少计,属于营业收入的准确性认定错报(已记录的销售交易是对真实发出商品的记录,但金额多计或少计)。

(2)完整性认定与准确性认定之间同样也存在区别。

案例 a:小赵网店的荷花酒账面价值 100 元/盒,受负面舆论的影响,网店已下调为 88 元/盒。会计小张仍然按 100 元/盒确认为存货价值,属于资产减值损失的完整性认定错报(真实发生的资产减值没有记录)。

案例 b:小赵网店的荷花酒账面价值 100 元/盒,受负面舆论的影响,网店已下调为 88 元/盒。会计小张按 88 元/盒确认为存货价值,同时确认 12 元资产减值损失时未考虑销售税费,属于资产减值损失的准确性认定错报(真实发生的资产减值记录了,但是金额多计或少计)。

---

4. 截止

截止认定,指交易和事项已记录于正确的会计期间。例如,如果本期交易推迟到下期记录,或下期交易提前到本期记录,则均属于截止认定错报。以下情况都属于截止认定错报:

案例 1:某高校向小赵网店购买一批古法年糕作为教职工的春节福利。下单日期为 2019 年 12 月 31 日,确认收货日期为 2020 年 1 月 3 日。该店会计小张将该笔收入记入 2019 年收入(提前)。

案例 2:某高校向小赵网店购买一批古法年糕作为教职工的春节福利。下单日期为 2019 年 12 月 30 日,确认收货日期为 2019 年 12 月 31 日,开票日期为 2020 年 1 月 3 日。会计小张将该笔收入记入 2020 年收入(推迟)。

5.分类

分类认定,指交易和事项已记录于恰当的账户。例如,如果将现销记录为赊销,将出售经营性固定资产所得的收入记录为营业收入,将应予资本化的利息记入财务费用,将应收账款记入其他应收款,则属于分类认定错报。

6.列报

列报认定,指交易和事项已被恰当地汇总或分解且表述清楚,相关披露在适用的财务报告编制基础下是相关的、可理解的。

(二)关于期末账户余额及相关披露的认定

1.存在

存在认定,指记录的资产、负债和所有者权益都是存在的。存在认定错报主要与财务报表组成要素的高估有关。

案例 1:甲医药连锁店账面存货 100 万元,注册会计师 A 监盘发现存货仅有 90 万元,属于存货存在认定错报。

案例 2:乙公司向甲公司销售货物,货款 100 万元,截止资产负债表日未收回。注册会计师 A 向甲公司函证该应收账款,甲公司回函所欠货款已支付,核实后证据显示甲公司确已支付,属于应收账款存在认定错报。

2.权利与义务

权利与义务认定,指记录的资产由被审计单位拥有或控制,记录的负债是被审计单位应当履行的偿还义务。

案例 1:注册会计师 A 审计甲公司固定资产时,发现甲公司将经营性租入机器设备记入本公司固定资产,属于权利认定错报。

案例 2:注册会计师 A 在审计中发现,将关联方的应付广告费记入本公司其他应付款,属于义务认定错报(非存在认定错报)。

3.完整性

完整性认定,指所有应当记录的资产、负债和所有者权益均已记录,所有应当包括在财务报表中的相关披露均已包括。例如,如果客户的应收账款实际发生,但在应收账款明细表中却遗漏记录,则属于完整性认定错报。完整性认定错报主要与财务报表组成要素的低估有关。

4.准确性、计价和分摊

准确性、计价和分摊认定,指资产、负债和所有者权益以恰当的金额包括在财务报表中,与之相关的计价或分摊调整已恰当记录,相关披露已得到恰当计量和描述。例如,期末没有对应收账款足额计提坏账准备致使高估应收账款金额,固定资产未正确计提折旧,无形资产未正确摊销,均属于准确性、计价和分摊认定错报。

5.分类

分类认定,指资产、负债和所有者权益已记录于恰当的账户。例如,将应收账款记录于其他应收款中;已达到预定可使用状态但尚未办理竣工决算的在建工程未及时转入固定资产,均属于分类认定错报。

6.列报

列报认定,指资产、负债和所有者权益已被恰当地汇总或分解且表述清楚,相关披露在适用的财务报告编制基础下是相关的、可理解的。例如,未披露重大固定资产抵押、银行存单质押、未决诉讼等,属于列报认定错报。

【案例 3-2】 奥瑞德 2016 年年报显示,其应收账款从 2015 年年底的 4.05 亿元暴增至 2016 年年底的 11.46 亿元,余额净增长 7.41 亿元,同比增长 182.75%,1 年时间应收账款翻了近 3 倍!查阅其前五大应收账款单位发现,天宝光电科技有限公司是 2016 年奥瑞德的第一大客户,当年为奥瑞德贡献 5.18 亿元营业收入,占营业收入总额的 35%,当年这家公司的应收账款余额高达 4.17 亿元。

工商资料显示,天宝光电 2016 年 7 月 8 日成立,注册资金 1 亿元人民币,其注册信息、地址、股东、法人代表,都与奥瑞德参股的另一家公司宝塔光电一模一样。而且奥瑞德是宝塔光电的股东,持股比率 30%,宝塔光电是天宝光电的股东,持股比率 15%,因此奥瑞德也是天宝光电的股东。

请问:注册会计师应收账款审计应重点关注哪些认定?

【案例 3-3】 华锐风电(601158)2010—2012 年应收账款前五大客户如下表所示。

2010 年	2011 年	2012 年
华电国际山东物资有限公司	华能阜新风力发电有限责任公司	华能阜新风力发电有限责任公司
内蒙古华电辉腾锡勒风力发电有限公司	河北德和新能源开发有限公司	华电国际物资有限公司

续 表

2010 年	2011 年	2012 年
华能阜新风力发电有限责任公司	内蒙古北方龙源风力发电有限责任公司	华能国际电力股份有限公司
山东鲁能物资集团有限公司	华电国际物资有限公司	内蒙古北方龙源风力发电有限责任公司
上海东海风力发电有限公司	华能国际电力股份有限公司	内蒙古华电辉腾锡勒风力发电有限公司

很明显,2011 年应收账款大客户中,河北德和新能源、内蒙古北方龙源风力、华能国际电力,分别成为新增的第二、第三、第五大客户。

但第二年,河北德和新能源却迅速退出了前五大客户的名单。注意:河北德和新能源这家企业,成立于 2009 年,刚刚成立 2 年不久,2011 年迅速成为了华锐风电的前五大客户之一,但在 2012 年就不再是前五大客户之一。

天眼查数据显示,河北德和新能源公司成立仅 2 年,注册资本 19 亿元,实缴资本 9300 万元。然而这家企业却大手笔采购了华锐光电 8.29 亿元的风机。

请问:注册会计师应收账款审计应重点关注哪些认定?

【案例 3-4】 2014 年 10 月,恒顺众昇与 MMS 签订了总金额为 7985 万美元,折合人民币 4.95 亿元的建造合同。合同初始条款约定,将在 2014 年 12 月完成第一批次交付验收,剩余批次预计将于 2015 年完成最终交付验收。

然而,该合同在 2016 年 1 月发生了变更,合同金额变更为 9.2 亿元,同时披露了项目的完工进度为 17.74%。

证监会认定恒顺众昇存在多项信息披露违规行为,及提前确认收入调节利润的行为。其中,涉嫌提前确认收入金额巨大,2014 年虚增收入 2.92 亿元,利润 1.4 亿元。

之所以 2014 年发生的事件,监管层 2018 年才发现,就是因为完工百分比法在作祟。在完工百分比法中,完工进度很难量化,而完工进度又直接影响了收入确认的数额,因此很多企业都会想方设法钻漏洞。

请问:注册会计师应收账款审计应重点关注哪些认定?

第三节　具体审计目标

具体审计目标是审计总目标的具体化。将审计总目标与管理层的各项认定对应,便形成了具体审计目标。因为,审计就是对管理层认定的再认定,即确定被审计单位管理层对其财务报表的认定是否恰当。注册会计师了解管理层认定后,就很容易确定每个项目的具体审计目标,并以此作为评估重大风险及设计和实施进一步审计程序的基础。

一、与所审计期间各类交易、事项及相关披露相关的审计目标

1. 发生

由发生认定推导的审计目标是确认已记录的交易是真实的。例如,没有发生销售交易,但在销售日记账中记录了一笔销售,则违反了该目标。发生认定所要解决的问题是管理层是否把那些不曾发生的项目列入财务报表,它主要与财务报表组成要素的高估有关。

2. 完整性

由完整性认定推导的审计目标是确认已发生的交易确实已经记录。例如,发生了销售交易,但没有在销售明细账和总账中记录,则违反了该目标。

小 贴 士

发生和完整性两者强调的是相反的关注点。发生目标针对多记、虚构交易(高估),而完整性目标则针对漏记交易(低估)。

---

3. 准确性

由准确性认定推导出的审计目标是确认已记录的交易是按正确金额反映的。例如,在销售交易中,发出商品的数量与账单上的数量不符,或是开账单时使用了错误的销售价格,或是账单中的乘积或加总有误,或是在销售明细账中记录了错误的金额,则违反了该目标。

4. 截止

由截止认定推导出的审计目标是确认接近于资产负债表日的交易记录于恰当的期间。

例如本期交易推迟到下期、或下期交易提前到本期,均违反了截止目标。

5.分类

由分类认定推导出的审计目标是确认被审计单位记录的交易经过适当分类。例如,如果将现销记录为赊销、将出售经营性固定资产所得的收入记录为营业收入,则导致交易分类的错误,违反了分类目标。

6.列报

由列报认定推导出的审计目标是确认被审计单位的交易和事项已被恰当地汇总或分解且表述清楚,相关披露在适用的财务报告编制基础下是相关的、可理解的。

二、与期末账户余额及相关披露相关的审计目标

1.存在

由存在认定推导的审计目标是确认记录的金额确实存在。例如,如果不存在某客户的应收账款,在应收账款明细表中却列入了对该客户的应收账款,则违反了存在目标。

2.权利和义务

由权利和义务认定推导的审计目标是确认资产归属于被审计单位,负债属于被审计单位的义务。例如,将他人寄售商品列入被审计单位的存货中,违反了权利目标;将不属于被审计单位的债务记入账内,违反了义务目标。

3.完整性

由完整性认定推导的审计目标是确认已存在的金额均已记录。例如,如果存在某客户的应收账款,而应收账款明细表中却没有列入,则违反了完整性目标。

4.准确性、计价和分摊

由准确性、计价和分摊认定推导的审计目标是确认资产、负债和所有者权益以恰当的金额包括在财务报表中,与之相关的计价或分摊调整已恰当记录。例如,被审计单位存货的可变现净值低于账面价值时,没有减记至该存货的账面价值,则违反了准确性、计价和分摊目标。

管理层认定、审计目标与审计程序之间的关系举例

5.分类

由分类认定推导的审计目标是资产、负债和所有者权益已记录于恰当的账户。

6.列报

由列报认定推导的审计目标是资产、负债和所有者权益已被恰当地汇总或分解且表述清楚,相关披露在适用的财务报告编制基础下是相关的、可理解的。

复习题

一、判断题

(   )1.注册会计师对财务报表实施审计的目标是对财务报表是否在所有方面公允反映被审计单位的财务状况、经营成果和现金流量发表审计意见。

(   )2.注册会计师有责任对财务报表整体不存在舞弊或错误导致的重大错报获取合理保证。

(   )3.由于审计的固有限制,即使注册会计师按照审计准则的规定恰当地计划和执行审计工作,也不可避免地存在财务报表中的某些重大错报未被发现的风险。

(   )4.如果被审计单位未将"一年内到期的长期借款"转列在"流动负债"项目内,则违反了准确性、计价和分摊认定。

(   )5.交易的发生认定可能存在的错报是漏记交易。

(   )6.期末账户余额的完整性认定可能存在的错报是把那些不曾发生的交易和事项记入财务报表,它主要与财务报表组成要素的高估有关。

(   )7.若已入账的销售交易是对真实发出商品的记录,但金额计算错误,则属于准确性认定错报,而发生认定没有错报。

(   )8.如果下期交易提前到本期记录,属于截止认定错报。

(   )9.由期末账户余额的准确性、计价和分摊认定推导出的审计目标是确认已记录的交易是否真实发生,没有虚报。

(   )10.在财务报表审计中,被审计单位管理层和治理层与注册会计师承担着不同的责任,不能相互混淆和替代。

二、单选题

1.审计意见旨在提高被审计单位哪方面的可信赖程度?(   )

 A.财务报表   B.持续经营能力

 C.管理层经营效率   D.管理层经营效果

2.注册会计师在审查应收账款时,发现账上某笔记录:"借:应收账款——A公司100万元。贷:主营业务收入100万元。"通过函证A公司,检查该笔销货记录证实:A公司实际欠款50万元。那么,注册会计师首先认为管理层对营业收入账户的哪项认定存在错报?(   )

A. 发生
B. 完整性

C. 准确性
D. 权利与义务

3. 在注册会计师所关心的下列各种问题中,能够实现截止目标的是(　　)。

A. 应收账款是否已经按照规定计提坏账准备

B. 年后开出的支票是否未记入报告期报表中

C. 存货的跌价损失是否已抵减

D. 固定资产是否有用做抵押的

4. 在注册会计师针对下列各项目分别提出的具体目标中,属于完整性目标的是(　　)。

A. 实现的销售是否均已登记入账

B. 关联交易类型、金额是否在附注中恰当披露

C. 将下期交易提前到本期入账

D. 有价证券的金额是否予以适当列示

5. 注册会计师在实施监盘程序时,发现被审计单位购进商品一批,却没有在账面上反映。注册会计师认为被审计单位的哪项认定存在问题?(　　)

A. 发生
B. 完整性

C. 准确性
D. 准确性、计价和分摊

6. 对于下列存货认定,通过向生产和销售人员询问是否存在过时或周转缓慢的存货,注册会计师认为最可能证实的是(　　)。

A. 准确性、计价和分摊
B. 权利和义务

C. 存在
D. 完整性

7. 资产负债表的货币资金项目包含了冻结存款 20 万元,这属于哪种认定错报?(　　)

A. 存在
B. 完整性

C. 准确性、计价与分摊
D. 分类

8. 最有可能出现下列哪种错报的交易是那些临近提交资产负债表日前后的交易?(　　)

A. 发生
B. 截止

C. 准确性
D. 分类

9. 如果将应资本化的借款利息记入财务费用,则属于哪种认定错报?(　　)

A. 发生
B. 分类

C. 准确性
D. 截止

10. 将当年 12 月 31 日发生的一笔赊销交易记入次年 1 月 5 日主营业务收入明细账,属于哪种认定错报?(　　)

　　A. 发生　　　　　　　　　　B. 完整性

　　C. 截止　　　　　　　　　　D. 计价或分摊

三、多选题

1. 注册会计师财务报表审计总目标是注册会计师对财务报表整体是否不存在舞弊或错误导致的重大错报获取合理保证,并对财务报表的哪项发表审计意见?(　　)

　　A. 合法性　　　　　　　　　　B. 公允性

　　C. 重大错报风险　　　　　　　D. 重要性水平

2. 某公司 2018 年 12 月 31 日资产负债表流动资产项下列示存货 1,000,000 元,则明确的认定包括(　　)。

　　A. 记录的存货是存在的

　　B. 记录的存货的价值是 1,000,000 元

　　C. 所有应列报的存货都包括在财务报表中

　　D. 记录的存货全部由本公司拥有

3. 某公司 2018 年 3 月 31 日资产负债表流动资产项下列示货币资金 2,000,000 元,则隐含的认定包括(　　)。

　　A. 记录的货币资金是存在的

　　B. 记录的货币资金全部由本公司拥有

　　C. 所有的货币资金都包括在财务报表中

　　D. 全部货币资金的使用不受任何限制

4. 审计目标分为下列哪两个层次?(　　)

　　A. 审计总目标　　　　　　　　B. 报表层次审计目标

　　C. 具体审计目标　　　　　　　D. 认定层次审计目标

5. 下列与期末账户余额相关的认定有(　　)。

　　A. 存在　　　　　　　　　　B. 权利与义务

　　C. 完整性　　　　　　　　　D. 截止

6. 下列与各类交易和事项相关的认定有(　　)。

　　A. 发生　　　　　　　　　　B. 权利与义务

　　C. 完整性　　　　　　　　　D. 截止

7. 下列属于交易的分类认定具体运用的有(　　)。

　　A. 应收账款与其他应收账款予以区分记录

　　B. 出售固定资产所得的收入与营业收入区分记录

    C.将现销与赊销区分记录

    D.财务报表附注分别对原材料、在产品和产成品等存货成本核算方法作了恰当说明

8.注册会计师通过审计发现的下列情况中,被审计单位权利与义务认定不存在错报的有(　　)。

    A.将经营租入的设备作为自有固定资产

    B.将融资租入的设备作为自有固定资产

    C.将已出租的专利权作为自有无形资产

    D.将客户寄存的商品作为自有存货

9.注册会计师通过执行审计工作对财务报表发表审计意见,注册会计师发表审计意见的内容是(　　)。

    A.财务报表是否符合适用的会计准则和相关会计制度的规定

    B.财务报表是否符合企业会计准则和国家其他有关法规的规定

    C.财务报表是否在所有方面公允地反映被审计单位的财务状况、经营成果和现金流量

    D.财务报表是否在所有重大方面公允地反映被审计单位的财务状况、经营成果和现金流量

10.关于注册会计师执行财务报表审计工作的总体目标,下列说法中,正确的有(　　)。

    A.对财务报表整体是否不存在重大错报获取合理保证,使注册会计师能够对财务报表是否在所有重大方面按照适用的财务报告编制基础编制发表审计意见

    B.对被审计单位的持续经营能力提供合理保证

    C.对被审计单位内部控制是否存在值得关注的缺陷提供合理保证

    D.按照审计准则的规定,根据审计结果对财务报表出具审计报告,并与管理层和治理层沟通

四、案例分析题

    假设A注册会计在执行甲公司2019年财务报表审计时发现下表中的事项。请分别针对每一事项指明被审计单位违反了哪一项认定。先写出认定的大类,再写出认定的名称,例如:"关于所审计期间各类交易、事项及相关披露的认定:发生"。

财务报表审计时发现的事项	被审计单位违反的认定
本期交易推迟至下期记账,或者将下期应当记录的交易提前记录到本期交易	

续　表

财务报表审计时发现的事项	被审计单位违反的认定
期末少计提累计折旧	
在销售明细账中记录了并没有发生的一笔销售	
不存在某顾客,在应收账款明细表中列入了对该顾客的应收账款	
财务报表附注没有分别对原材料、在产品和产成品等存货成本核算方法做恰当的说明	
将不属于被审计单位的债务记入账内	
将出售某经营性固定资产(并非企业的日常交易事项)所得的收入记录为主营业务收入	
发生了一项销售交易,但没有在销售明细账和总账中记录	
在销售交易中如下情况:(1)发出商品的数量和账单上的数量不符;(2)开具账单时运用了错误的销售价格;(3)账单中的乘积或加总有误;(4)在销售明细账中记录了错误的金额	
存在对某客户的应收账款,在应收账款明细表中却没有列入对该客户的应收账款	
关联交易类型、金额没有在财务报表附注中做恰当披露	
关联方和关联交易,没有在财务报表中充分披露	
将现销记录为赊销	

第四章
重要性及审计风险

学 习 目 标

学完本章,你应该能够:

- 理解重要性的含义及影响因素;
- 掌握重要性的确定;
- 理解错报的含义;
- 掌握错报的类型。

导 入 案 例

无保留意见等于没有错报吗?

ABC 会计师事务所的注册会计师对甲公司 2019 年度财务报表审计后发表了无保留意见。半年后,甲公司因无法按时偿还巨额债务而宣告破产。股东与债权人集体上诉,状告 ABC 会计师事务所,其诉讼理由是:甲公司 2019 年度的财务报表中存在重大错报,而注册会计师发表了无保留意见,从而误导了报表使用者。ABC 会计师事务所对此提出了抗辩,认为审计中发现的甲公司财务报表中存在的重大错报都已要求甲公司调整,并且甲公司也接受了调整建议,未调整的错报是不重要的,且在审计报告中发表意见时使用了"在所有重大方面公允反映"这一表述。法院经过审理最终认定:未调整的错报从金额上来看并不重要,但这些错报导致甲公司的偿债能力指标恰好达到银行贷款门槛,因此,这些错报无疑会误导报表使用者。会计师事务所应承担赔偿责任。

思考:

1.注册会计师发表无保留意见是否意味着被审计单位的财务报表不存在错报?

2.被审计单位的财务报表存在错报而注册会计师为什么还要发表无保留意见?

第一节　重要性

一、重要性的含义

审计重要性是指具体环境下被审计单位财务报表错报（包括漏报，下同）的严重程度（错报金额和性质）。如果一项错报单独或连同其他错报（汇总）可能影响财务报表使用者依据财务报表做出的经济决策，则该项错报是重大的。

为了正确理解重要性概念，必须明确以下几点：

(1)重要性是从财务报表使用者整体的角度考虑，而非特定财务报表使用者。如果一项业务在财务报表中的错报足以影响或改变财务报表使用者整体的判断和决策，那么该项业务就是重要的。这里将财务报表使用者视为具有一定理解能力并能够理性地做出判断和决策、有着共同的财务信息需求的财务报表使用者群体。各个特定使用者的需求可能不尽相同，因此财务报表中的错报没有考虑对(个别)特定使用者可能产生的影响。

(2)重要性的确定离不开具体的环境。审计人员判断和确定重要性时，应当结合具体的环境。不同企业的重要性不同，同一企业在不同时期的重要性也不同。比如，错报 10 万元对小企业的财务报表而言可能是重要的，但对一个大企业的财务报表而言可能并不重要。

(3)重要性的评估需要运用职业判断。影响重要性的因素很多，注册会计师应当根据被审计单位的具体环境，综合考虑有关影响因素，运用职业判断合理确定重要性水平。不同的注册会计师在确定同一被审计单位财务报表层次和认定层次的重要性水平时，得出的结果可能不一致，这主要是因为对影响重要性的各种因素的判断存在差异。

(4)重要性受错报的金额和性质的影响。一般而言，金额大的错报比金额小的错报更重要。在有些情况下，某些错报金额不大，但从性质上考虑可能是重要的。例如，舞弊导致的错报，不能因为金额小而认为不重要。再如，对某些财务报表披露的错报，难以从金额上判断是否重要，应从性质上考虑其是否重要。

二、重要性水平的确定

在计划审计工作时，注册会计师应当确定一个合理的重要性水平，以发现在金额上重大的错报。

(一)财务报表整体的重要性

由于财务报表审计的目标是注册会计师通过执行审计工作对财务报表发表审计意见,因此,注册会计师应当考虑财务报表整体的重要性。只有这样,才能得出财务报表是否公允反映的结论。注册会计师在制定总体审计策略时,应当确定财务报表整体的重要性。

确定多大错报会影响财务报表使用者所做出的决策,是注册会计师运用职业判断的结果。很多注册会计师根据所在会计师事务所的惯例及自己的经验来考虑重要性。

实务中,注册会计师通常先选定一个基准,再乘以某一百分比作为财务报表整体的重要性。

1.基准的选择

在选择基准时,需要考虑的因素包括:

(1)财务报表要素(如资产、负债、所有者权益、收入和费用)。

(2)是否存在特定会计主体的财务报表使用者特别关注的项目。例如,医药企业的研发投入、房地产企业的商品房销售收入、物业公司的物业费收入等可能是财务报表使用者特别关注的项目。

(3)被审计单位的性质、所处的生命周期阶段以及所处行业和经济环境。例如,营利性企业以利润作为基准可能是合适的,但公益性组织以利润作为基准就未必合适,而应选择捐赠收入或捐赠支出作为基准。再如,成长期的企业选择营业收入作为基准可能是合适的,成熟期的企业选择利润作为基准可能是合适的。

(4)被审计单位的所有权结构和融资方式。例如,如果被审计单位仅通过债务而非权益进行融资,财务报表使用者可能更关注资产及资产的求偿权,而非被审计单位的收益。

(5)基准的相对波动性。近年来经营状况大幅度波动,盈利和亏损交替发生,如选择当年的利润作为基准则不合适,而应选择过去3—5年经常性业务的平均税前利润或亏损(取绝对值),或其他基准,例如营业收入。

注册会计师通常选择一个相对稳定、可预测且能反映被审计单位正常规模的基准。常用的基准有总资产、净资产、营业收入、费用总额、毛利、税前利润、净利润等。(见表4-1)

表 4-1 常用的基准表

被审计单位的情况	可能选择的基准
企业的盈利水平保持稳定	经常性业务的税前利润
企业近年来经营状况大幅度波动,盈利和亏损交替发生,或者由正常盈利变为微利或微亏,或者本年度税前利润因情况变化而出现意外增加或减少	过去3—5年经常性业务的平均税前利润或亏损(取绝对值),或其他基准,例如营业收入
企业为新设企业,处于开办期,尚未开始经营,目前正在建造厂房及购买机器设备	总资产
企业处于新兴行业,目前侧重于抢占市场份额,扩大企业知名度和影响力	营业收入
开放式基金,致力于优化投资组合,提高基金净值,为基金持有人创造投资价值	净资产
国际企业集团设立的研发中心,主要为集团下属各企业提供研发服务,并以成本加成的方式向相关企业收取费用	成本与营业费用总额
公益性质的基金会	捐赠收入或捐赠支出总额

2.百分比的确定

在确定恰当的基准后,注册会计师通常运用职业判断合理选择百分比,用以确定重要性水平。同时,百分比和选定的基准之间存在一定的联系。例如,选择经常性业务的税前利润对应的百分比通常比营业收入对应的百分比要高。

在确定百分比时,注册会计师需要考虑的因素包括但不限于:

(1)被审计单位是否为上市公司或公众利益实体;

(2)财务报表是否分发给大范围的使用者;

(3)被审计单位是否由集团内部关联方提供融资或是否有大额对外融资(如债券或银行贷款);

(4)财务报表使用者是否对基准数据特别敏感(如特殊目的财务报表的使用者)。

如被审计单位对上述问题予以肯定,注册会计师一般选择较低的百分比。

(二)特定类别交易、账户余额或披露的重要性

特定类别的交易、账户余额或披露发生错报时,即使错报金额低于财务报表整体的重要性,如果能够合理预期该错报可能影响报表使用者做出的经济决策,就应该确定该特定类别的交易、账户余额或披露的重要性水平。

由于财务报表提供的信息由特定类别交易、账户余额或披露的信息汇集加工而成,注册会计师只有通过对特定类别交易、账户余额或披露实施审计,

才能得出财务报表是否公允反映的结论。因此,注册会计师还应当考虑特定类别交易、账户余额或披露的重要性水平。

确定特定类别交易、账户余额或披露的重要性水平应考虑以下因素:

(1)法律法规或适用的财务报告编制基础是否影响财务报表使用者对特定项目(关联方交易、管理层和治理层的薪酬等)计量或披露的预期;

(2)与被审计单位所处行业相关的关键性披露。例如,制药企业的研究与开发成本等;

(3)财务报表使用者是否特别关注财务报表中单独披露的业务的特定方面,例如,新收购的业务等。

(三)实际执行的重要性

1. 实际执行的重要性的含义

实际执行的重要性,是指注册会计师确定的低于财务报表整体重要性的一个或多个金额,旨在将未更正和未发现错报的汇总数超过财务报表整体的重要性的可能性降至适当的低水平。如果适用,实际执行的重要性还指注册会计师确定的低于特定类别的交易、账户余额或披露的重要性水平的一个或多个金额。

仅为发现单项重大的错报而计划审计工作将忽视这样一个事实,即单项非重大错报的总数可能导致财务报表出现重大错报,更不用说还没有考虑可能存在的未发现错报。确定财务报表整体的实际执行的重要性,旨在将财务报表中未更正和未发现错报的汇总数超过财务报表整体的重要性的可能性降至适当的低水平。与确定特定类别的交易、账户余额或披露的重要性水平相关的实际执行的重要性,旨在将这些交易、账户余额或披露中未更正与未发现错报的汇总数超过这些交易、账户余额或披露的重要性水平的可能性降低至适当的低水平。

2. 实际执行的重要性的确定

确定实际执行的重要性并非简单机械的计算,需要运用职业判断,并考虑下列因素的影响:(1)对被审计单位的了解;(2)前期审计工作中识别出的错报的性质和范围;(3)根据前期识别出的错报对本期错报做出的预期。

实务中,实际执行的重要性通常为财务报表整体重要性的50%—75%。

在下列情形中,注册会计师可能考虑选择较高的百分比来确定实际执行的重要性:(1)连续审计项目,以前年度审计调整较少;(2)项目总体风险为低到中等;(3)前期的审计经验表明内控运行有效。

在下列情形中,注册会计师可能考虑选择较低的百分比来确定实际执行的重要性:(1)首次接受委托的审计项目;(2)连续审计项目,以前年度审计调整较多;(3)项目总体风险较高;(4)存在或预期存在值得关注的内控缺陷。

3. 实际执行的重要性水平的运用

在实务中,实际执行的重要性的运用主要体现在以下几个方面:

(1)注册会计师在计划审计工作时可以根据实际执行的重要性确定需要对哪些类型的交易、账户余额和披露实施进一步审计程序,即通常选取金额超过实际执行的重要性的财务报表项目。但是不代表注册会计师可以对所有金额低于实际执行的重要性的财务报表项目不实施进一步审计程序。主要基于以下考虑:

①单个金额低于实际执行的重要性的财务报表项目汇总起来可能金额重大,注册会计师需要考虑汇总后的潜在错报风险。例如,源于同一次合并产生的商誉和无形资产,其单项金额低于实际执行的重要性,但是汇总起来可能超过实际执行的重要性。

②对于存在低估风险的财务报表项目,不能仅仅因为其金额低于实际执行的重要性而不实施进一步审计程序。例如,应付账款、应付票据、长期借款等存在低估风险的项目。

③对于识别出存在舞弊风险的财务报表项目,不能因为其金额低于实际执行的重要性而不实施进一步审计程序。

(2)运用实际执行的重要性确定进一步审计程序的性质、时间安排和范围。例如,在运用审计抽样实施细节测试时,注册会计师可以将可容忍错报的金额设定为等于或低于实际执行的重要性。

(四)重要性的修改

由于存在下列情况,注册会计师可能需要修改财务报表整体的重要性和特定类别的交易、账户余额或披露的重要性水平(如适用):(1)审计过程中情况发生重大变化;(2)获取新信息;(3)通过实施进一步审计程序,对被审计单位及其经营的了解发生变化。

重要性评估工作底稿参考格式

三、错报

(一)错报的含义

某一财务报表项目的金额、分类或列报,与按照适用的财务报告编制基础应当列示的金额、分类或列报之间存在的差异;或根据注册会计师的判断,为使财务报表在所有重大方面实现公允反映,需要对金额、分类或列报做出的必要调整。

错报可能来源于舞弊或错误。

(二)明细微小错报

低于某一金额的错报。这些错报无论从规模、性质或其发生的环境,无论单独或者汇总起来,都是明显微不足道的。

注册会计师应当在审计工作底稿中记录设定的明显微小错报临界值,低于该金额的错报可以不累积。

实务中,通常为财务报表整体重要性的3%至5%,不超过10%。确定明细微小错报的临界值需要考虑以下因素:(1)以前年度审计中识别出的错报(包括已更正和未更正错报)的数量和金额;(2)重大错报风险的评估结果;(3)被审计单位治理层和管理层对注册会计师与其沟通错报的期望;(4)被审计单位的财务指标是否勉强达到监管机构的要求或投资者的期望。

(三)错报的类型

1.事实错报

事实错报是毋庸置疑的的错报。这类错报产生于被审计单位收集或处理数据错误,或舞弊导致的对事实的误解或忽略,或故意舞弊行为。例如,固定资产的入账价值录入错误,或与发票、合同等不符。

2.判断错报

由于注册会计师认为管理层对会计估计做出不合理的判断或者不恰当地选择和运用会计政策而导致的差异。例如,投资性房地产公允价值不合理、存货发出采用后进先出法核算。

3.推断错报

注册会计师对总体存在的错报做出的最佳估计数,涉及根据在审计样本中识别出的错报来推断总体的错报。推断错报通常是指通过测试样本估计出的总体的错报减去在测试中发现的已经识别的具体错报。例如,营业收入发生额为1,000万元,注册会计师测试样本发现样本金额有10万元的高估,高估部分为样本账面金额的20%,据此注册会计师推断总体的错报金额为200万元(1,000万×20%),那么上述的10万元就是已识别的事实错报,其余的190万元即推断错报。

第二节 审计风险

一、审计风险的含义

审计风险是指被审计单位的财务报表存在重大错报,而注册会计师审计后发表不恰当审计意见的可能性。

审计风险取决于重大错报风险和检查风险。

(一)重大错报风险

重大错报风险是指财务报表在审计前存在重大错报的可能性。

重大错报风险与被审计单位的风险相关,且独立于财务报表审计存在。

注册会计师在设计审计程序时应当分清重大错报风险是与报表整体广泛相关,还是仅与各类交易、账户余额和披露认定层次相关,即需要从财务报表与认定这两个层次考虑重大错报风险。

1.财务报表层次重大错报风险

财务报表层次重大错报风险对财务报表整体产生广泛影响,可能影响多项认定。难以限定于某类交易、账户余额、披露的具体认定,诸如经济萧条、管理层缺乏诚信、治理层形同虚设等情形可能引发舞弊风险,与财务报表整体相关。

2.认定层次重大错报风险

各类交易、账户余额、披露认定层次重大错报风险与特定的某类交易、账户余额、披露的认定相关。例如,被审计单位存在复杂的联营或合资,这一情形表明长期股权投资账户的相关认定可能存在重大错报风险;主要客户经营失败而陷入财务困境,则应收账款的计价和分摊认定可能存在重大错报风险。

认定层次重大错报风险可以从固有风险和控制风险两个层面理解。

(1)固有风险是指假定在考虑相关的内部控制之前,某一认定易于发生错报(该错报单独或连同其他错报可能是重大的)的可能性。例如,没有设立复核控制,开具发票时单价 100 元开成 1000 元。

某些类别的认定,固有风险较高。例如,复杂的计算比简单计算更可能出错;受重大计量不确定性影响的会计估计发生错报的可能性较大。

(2)控制风险是指某一认定发生错报,该错报单独或连同其他错报是重大的,但未能被相关控制防止、发现并纠正的可能性。例如,开具发票时单价 100

元开成 1000 元,复核人员没有发现。

控制风险取决于与财务报表编制有关的内部控制的设计和运行的有效性。由于控制的固有局限性,某种程度的控制风险始终存在。

由于固有风险和控制风险不可分割地交织在一起,通常将两者合并成为"重大错报风险"。

(二)检查风险

检查风险是指某一认定存在错报,该错报单独或连同其他错报可能是重大的,注册会计师为将审计风险降至可接受的低水平而实施程序之后,没有发现这种错报的可能性。例如开具发票时单价 100 元开成 1,000 元,复核人员没有发现,注册会计师审计后也没有发现。

由于注册会计师通常并不对所有的交易、账户余额和披露进行检查,或者注册会计师选择了不恰当的审计程序,抑或审计过程执行不当等,检查风险不可能降低为零。

二、审计风险模型

对于审计工作而言,风险主要来自于重大错报风险和检查风险。审计风险模型可以表述为:

$$审计风险 = 重大错报风险 \times 检查风险$$

审计风险模型可应用于计划审计工作时确定可接受的检查风险水平。

$$可接受的检查风险 = \frac{可接受的审计风险}{重大错报风险}$$

可见,在既定的审计风险水平下,可接受的检查风险与认定层次的重大错报风险的评估结果呈反向关系。(见表 4-2)

表 4-2　固有风险、控制风险与检查风险的比较表

类别	固有风险	控制风险	检查风险
特征	注册会计师无法控制,但可以评估	注册会计师无法控制,但可以评估	注册会计师可以控制
证据数量	评估的固有风险越高,所需的审计证据越多,反之就越少	评估的控制风险越高,所需的审计证据越多,反之就越少	可接受的检查风险越高,所需的审计证据越少,反之就越多

资料来源:珍妮妮,《检查风险、固有风险和控制风险》,2017 - 03 - 21. http://bbs. chinaacc. com/forum - 2 - 28/topic - 6652278. html.

三、审计风险控制

(一)审计风险控制的总体要求

注册会计师应当保持职业怀疑态度,通过计划和实施审计工作,获取充分、适当的审计证据,将审计风险降低至可接受的低水平。

(二)关于重大错报风险

重大错报风险是客观存在的,注册会计师无法改变其实际水平。注册会计师只能通过实施适当的审计程序(风险评估程序),了解被审计单位及其环境(包括内部控制),以评估重大错报风险,并根据评估的两个层次的重大错报风险分别采用相应的应对措施。

(三)关于检查风险

检查风险是注册会计师可以控制的风险。注册会计师应当执行恰当的审计程序,获取充分、适当的审计证据,以控制检查风险,从而将审计风险降低至可接受的低水平,再对财务报表整体发表意见。检查风险取决于审计程序设计的合理性和执行的有效性。

复习题

一、判断题

(　　)1.如果财务报表中的某项错报足以影响财务报表使用者依据财务报表做出的经济决策,则该项错报就是重大的。

(　　)2.可接受的检查风险水平与认定层次重大错报风险的评估结果成反向关系。评估的重大错报风险越高,可接受的检查风险越低;评估的重大错报风险越低,可接受的检查风险越高。

(　　)3.在审计风险中,审计人员能够施以直接影响的仅有检查风险,这取决于审计程序设计的合理性和执行的有效性。

(　　)4.注册会计师可以通过调高重要性来降低审计风险,因为重要性是注册会计师职业判断的结果。

(　　)5.注册会计师运用职业判断,可能将实际执行的重要性确定为财务报表整体重要性的 50%—75%,并根据具体情况进行调整。

(　　)6.为了将财务报表中未更正和未发现错报的汇总数超过财务报表整体重要性的可能性降至适当的低水平,实际执行的重要性应高于财务报表整体重要性。

（　　）7.审计重要性是客观存在的,因此,注册会计师不应当运用职业判断来确定重要性水平。

（　　）8.审计重要性在计划审计工作时初步确定后,就不应再变动,以保证审计工作的稳定。

（　　）9.运用审计风险模型时,只要将重大错报风险水平估计得很低,就能节省审计成本,提高审计效率。

（　　）10.检查风险是注册会计师可以控制的风险,但是注册会计师通常无法将检查风险降低为零。

二、单选题

1.下列哪项是指某一认定存在错报,该错报单独或连同其他错报是重大的,但审计人员未能发现这种错报的可能性?（　　）

A.审计风险　　　　　　　　B.误受风险

C.检查风险　　　　　　　　D.误拒风险

2.审计人员期望的审计风险为4.5%,评估的认定层次重大错报风险为30%,则审计人员应承担的检查风险为（　　）。

A.13.5%　　　　　　　　B.2.7%

C.15%　　　　　　　　　D.50%

3.固有风险是指假定不存在下列哪种情况时,某一账户或交易类别或连同其他账户、交易类别产生重大错报或漏报的可能性?（　　）

A.相关内部控制　　　　　　B.控制风险

C.检查风险　　　　　　　　D.内部控制失效

4.在审计风险的组成要素中,审计人员能够控制的是（　　）。

A.重大错报风险　　　　　　B.控制风险

C.检查风险　　　　　　　　D.抽样风险

5.注册会计师在确定财务报表整体的重要性时通常选定一个基准。下列各项因素中,在选择基准时不需要考虑的是（　　）。

A.被审计单位所处的生命周期阶段

B.被审计单位的所有权结构和融资方式

C.基准的相对波动性

D.基准的重大错报风险

6.下列关于实际执行的重要性的说法中,错误的是（　　）。

A.实际执行的重要性是指注册会计师确定的低于财务报表整体重要性的一个或多个金额

B. 注册会计师应当确定实际执行的重要性,以评估重大错报风险并确定进一步审计程序的性质、时间安排和范围

C. 确定实际执行的重要性,旨在将未更正和未发现错报的汇总数超过财务报表整体重要性的可能性降至适当的低水平

D. 以前年度审计调整越多,评估的项目总体风险越高,实际执行的重要性越接近财务报表整体的重要性

7. 关于特定类别交易、账户余额或披露的重要性水平,下列说法中,错误的是( )。

A. 只有在适用的情况下,才需确定特定类别交易、账户余额或披露的重要性水平

B. 确定特定类别交易、账户余额或披露的重要性水平时,可将与被审计单位所处行业相关的关键性披露作为一项考虑因素

C. 特定类别交易、账户余额或披露的重要性水平应低于财务报表整体的重要性

D. 不需确定特定类别交易、账户余额或披露的实际执行的重要性

8. 下列哪项是指被审计单位的财务报表存在重大错报,而注册会计师审计后发表不恰当审计意见的可能性?( )

A. 审计风险　　　　　　　　B. 重大错报风险

C. 检查风险　　　　　　　　D. 审计重要性

9. 下列关于错报的说法中,错误的是( )。

A. 明显微小的错报不需要累积

B. 错报可能是由于错误或舞弊导致的

C. 错报仅指某一财务报表项目金额与按照企业会计准则应当列示的金额之间的差异

D. 判断错报是指由于管理层对会计估计做出不合理的判断或不恰当地选择和运用会计政策而导致的差异

10. 对于审计过程中累积的错报,下列做法中,正确的是( )。

A. 如果错报单独或汇总起来未超过财务报表整体的重要性,注册会计师可以不要求管理层更正

B. 如果错报单独或汇总起来未超过实际执行的重要性,注册会计师可以不要求管理层更正

C. 如果错报不影响确定财务报表整体的重要性时选定的基准,注册会计师可以不要求管理层更正

D. 注册会计师应当要求管理层更正审计过程中累积的所有错报

三、多选题

1. 在确定审计程序的性质、时间安排和范围时,注册会计师应当考虑(　　)。

    A. 审计风险　　　　　　　　　　B. 独立性

    C. 重要性　　　　　　　　　　　D. 绝对保证

2. 注册会计师在运用重要性原则时,应从错报的哪两个方面考虑?(　　)

    A. 行业状况　　　　　　　　　　B. 内部控制状况

    C. 金额　　　　　　　　　　　　D. 性质

3. 下列哪项相对稳定、可预测且能够反映被审计单位正常规模,注册会计师经常将其用作确定财务报表整体重要性的基准?(　　)

    A. 营业收入　　　　　　　　　　B. 总资产

    C. 营业外收入　　　　　　　　　D. 存货

4. 注册会计师应考虑两个层次的重大错报风险(　　)。

    A. 财务报表层次　　　　　　　　B. 认定层次

    C. 账簿层次　　　　　　　　　　D. 凭证层次

5. 在审计过程中,注册会计师可能在哪两个方面运用重要性?(　　)

    A. 确定审计程序的性质、时间安排和范围

    B. 签订审计业务约定书

    C. 确定审计具体目标

    D. 评价错报的影响

6. 审计风险的构成要素包括(　　)。

    A. 重大错报风险　　　　　　　　B. 检查风险

    C. 审计重要性　　　　　　　　　D. 合理保证

7. 注册会计师不能改变其实际水平的有(　　)。

    A. 重大错报风险　　　　　　　　B. 检查风险

    C. 审计风险　　　　　　　　　　D. 审计重要性

8. 注册会计师选择重要性的基准时,需要充分考虑被审计单位的(　　)。

    A. 性质　　　　　　　　　　　　B. 所处的生命周期阶段

    C. 所处行业和经济环境　　　　　D. 报表使用者对报表项目的关注度

9. 选择较低的百分比来确定实际执行的重要性的情形有(　　)。

    A. 首次接受委托的审计

    B. 连续审计,以前年度审计调整较多

    C. 项目总体风险较高,例如处于高风险行业、管理层能力欠缺、面临较大市场竞争压力或业绩压力等

    D. 存在或预期存在值得关注的内部控制缺陷

10.审计人员能控制的风险有(　　)。

A.审计风险　　　　　　　　　B.检查风险

C.重大错报风险　　　　　　　D.控制风险

四、案例分析题

1.甲上市公司是 ABC 会计师事务所的常年审计客户,A 注册会计师负责审计甲公司 2019 年度财务报表,审计工作底稿中与确定重要性和评估错报相关的部分内容摘录如下:

表 4-3　审计风险、重要性评估表　　　　金额单位:万元

项目	2019 年	2018 年	备注
营业收入	16,000(未审数)	15,000(已审数)	2019 年,竞争对手推出新产品抢占市场,甲公司通过降价和增加广告投入促销
税前利润	50(未审数)	2,000(已审数)	2019 年,降价及销售费用增长导致盈利大幅下降
财务报表整体的重要性	80	100	
实际执行的重要性	60	75	
明显微小错报的临界值	0	5	

(1)2018 年度财务报表整体的重要性以税前利润的 5% 计算。2019 年,由于甲公司处于盈亏临界点,A 注册会计师以过去三年税前利润的平均值作为基准确定财务报表整体的重要性。

(2)由于 2018 年度审计中提出的多项审计调整建议金额均不重大,A 注册会计师确定 2019 年度实际执行的重要性为财务报表整体重要性的 75%,与 2018 年度保持一致。

(3)2019 年,治理层提出希望知悉审计过程中发现的所有错报,因此,A 注册会计师确定 2018 年度明显微小错报的临界值为 0。

(4)甲公司 2019 年年末非流动负债余额中包括一年内到期的长期借款 2500 万元,占非流动负债总额的 50%,A 注册会计师认为,该错报对利润表没有影响,不属于重大错报,同意管理层不予调整。

(5)A 注册会计师仅发现一笔影响利润表的错报,即管理费用少计 60 万元,A 注册会计师认为,该错报金额小于财务报表整体的重要性,不属于重大错报,同意管理层不予调整。

要求:针对上述第(1)—(5)项,假定不考虑其他条件,逐项指出 A 注册会计师的做法是否恰当。如不恰当,简要说明理由。

2. ABC 会计师事务所首次接受委托,审计甲公司 2019 年度财务报表,甲公司处于新兴行业,面临较大竞争压力,目前侧重于抢占市场份额,审计工作底稿中与重要性和错报评价相关的部分内容摘录如下:

(1)考虑到甲公司所处市场环境,财务报表使用者最为关注收入指标,审计项目组将营业收入作为确定财务报表整体重要性的基准。

(2)经与前任注册会计师沟通,审计项目组了解到甲公司以前年度内部控制运行良好、审计调整较少,因此,将实际执行的重要性确定为财务报表整体重要性的 75%。

(3)审计项目组将明显微小错报的临界值确定为财务报表整体重要性的 3%。

(4)审计项目组认为无须对金额低于实际执行的重要性的财务报表项目实施进一步审计程序。

要求:针对以上第(1)—(4)项,逐项指出审计项目组的做法是否恰当。如不恰当,简要说明理由。

第五章
审计证据、审计程序与审计工作底稿

学 习 目 标

学完本章,你应该能够:
- 了解审计证据、审计程序、审计工作底稿的含义;
- 理解审计工作底稿的要素与格式、审计工作底稿的管理;
- 掌握审计证据的特征、审计证据的种类。

导 入 案 例

审计工作底稿的严肃性

2018 年 12 月 31 日,审计助理小丁去 ABC 公司监盘存货,听到几个员工议论可能存在变质产品。小丁对存货进行抽盘,结果表明存货数量准确、收发有序。由于产品技术含量较高,小丁无法鉴别产品是否变质。于是他去询问存货部主管,得到的答复是产品无质量问题。在编制审计工作底稿时,小丁在备注中写下"听说有变质产品,建议在下阶段的存货计价审计中予以特别关注"。注册会计师老张在复核工作底稿时,向小丁详细了解存货监盘情况,特别是有关变质产品的情况,并询问当时议论此事的员工,但这些员工矢口否认。于是,老张与存货部主管沟通之后得出"存货未发现重大错报"的结论,并且在底稿备注中注明"变质产品问题经核实尚无证据,但下次审计时应加以考虑"。

由于 ABC 公司总经理抱怨老张前两次发表保留意见,使其贷款遇到了麻烦,所以,本次审计老张发表了无保留意见。六个月后,ABC 公司资金周转不灵,主要是存货中存在大量变质产品无法出售,致使无法偿还银行贷款。银行提起诉讼,拟向会计师事务所索赔。会计师事务所向法庭出示了审计工作底稿。法院审理后认为,注册会计师明知存货价值高估,但迫于该公司的压力而未揭示,具有重大过失,应承担银行的贷款损失。

改编自李若山、刘大贤:《审计学——案例与教学》,经济科学出版社 2000 年版。

思考:

(1)员工的议论能否作为充分、适当的审计证据支持注册会计师得出恰当的审计结论?

(2)对于从员工议论中获悉的信息,注册会计师应当如何做?

(3)审计工作底稿是否要对审计过程中形成的一切信息做记录?

第一节　审计证据

一、审计证据的含义

审计证据是指注册会计师为了得出审计结论,形成审计意见而使用的所有信息,包括构成财务报表基础的会计记录所含有的信息和其他信息。

审计证据的内容及举例见表 5-1。

表 5-1　审计证据的内容及举例表

审计证据	会计记录中含有的信息	原始凭证	如发票、支票存根、电子资金转账记录
		记账凭证	如记录采购原材料的记账凭证
		总账和明细账	如应收账款总账与明细账,银行存款日记账等
		未在记账凭证中反映的对财务报表的其他调整	如编制财务报表时的重分类调整、编制合并财务报表时的内部交易抵销调整
		支持成本分配、计算、调节和披露的手工计算表和电子数据表	如制造费用分配表
	其他信息	从被审计单位内部或外部获取的会计记录以外的信息	如被审计单位会议记录、内部控制手册、询证函的回函、分析师的报告、与竞争者的比较数据、合同、人事档案等
		通过询问、观察和检查等审计程序获取的信息	检查存货获取是否存在的证据(监盘表)等
		注册会计师自身编制或获取的可以通过合理推断得出结论的信息	注册会计师编制的各种计算表、分析表,如所得税计算表,利息计算表等

财务报表依据的会计记录中包含的信息和其他信息共同构成了审计证据,两者缺一不可。如果没有前者,审计工作将无法进行;如果没有后者,可能无法识别重大错报风险。只有将两者结合起来分析,才能将审计风险降至可接受的低水平,为注册会计师发表审计意见提供合理基础。比如,大额应收账款的存在认定不能只凭会计记录,还需要函证来获得证据。

审计证据在性质上具有累积性,主要是在审计过程中通过实施审计程序获取的,还包括以前审计中获取的信息或会计师事务所接受与保持客户或业务时实施质量控制程序获取的信息。审计证据既包括支持和佐证管理层认定的信息,也包括与这些相矛盾的信息,某些情况下,甚至信息的缺乏(如管理层拒绝提供注册会计师要求的声明)也构成审计证据。

二、审计证据的特征

审计证据要具有较强的证明力,就必须具有充分性和适当性两大特征。注册会计师应当保持职业怀疑态度,运用职业判断,评价审计证据的充分性和适当性。

(一)充分性

审计证据的充分性是对审计证据数量的衡量,是指审计证据的数量足以支持注册会计师的审计结论。

审计证据的充分性主要与注册会计师确定的样本量有关。例如,检查已售商品是否均已出库,选取 200 个样本获得的证据要比选取 100 个样本获取的证据更充分。

注册会计师获取审计证据的数量受其对重大错报风险评估的影响(评估的重大错报风险越高,需要的审计证据可能越多)。

案例 1:甲公司审计年度扣除非经常性损益后的净利润实现"精准达标"。注册会计师认为甲公司营业收入的重大错报风险较高,在实质性程序中需要扩大样本量以获取更多营业收入发生的审计证据。

注册会计师获取审计证据的数量还受审计证据的质量影响(审计证据质量越高,需要的审计证据可能越少)。但是,注册会计师仅靠获取更多的审计证据可能无法弥补其质量上的缺陷。

案例 2:在对甲公司应付账款的完整性检查时,注册会计师通过不列示账户余额的询证函回函获取的审计证据可能是充分的。

案例 3:为防止甲公司虚假发货提前确认收入,注册会计师在存货监盘时,重点抽取"发生额小但结存额大"的存货进行监盘获取的审计证据存在缺陷

(该审计证据针对存货的"高留低转"虚增利润的错报)。此类审计证据的数量无法弥补质量上的缺陷。更高质量的审计证据是对"发生额大但结存额小"的存货进行监盘。

(二)适当性

审计证据的适当性,是对审计证据质量的衡量,即审计证据在支持审计意见所依据的结论方面具有的相关性和可靠性。只有相关且可靠的审计证据才是高质量的审计证据。

1. 相关性

审计证据的相关性是指审计证据应与审计目标相关。审计证据的相关性可能受测试方向的影响。

按会计核算程序测试称为顺查法,即从原始凭证等书面文件记录追查到明细账的过程,其逻辑是"经济实质——账面记录"。顺查法用于检查所发生的交易或事项是否均已被记录,通过这种检查可以为完整性认定(低估)提供审计证据。反之,与会计核算程序相反的测试称为逆查法,即从明细账追查至原始凭证等书面文件记录,其逻辑是"账面记录——经济实质"。逆查法用于检查已记录的交易或事项是否均已发生,通过这种检查可以为发生或存在认定(高估)提供审计证据。

案例 1: 为检查甲公司应付账款的高估错报,注册会计师测试已记录的应付账款可能是相关的审计程序。如果是检查应付账款的漏记错报,注册会计师测试已记录的应付账款很可能不是相关的审计程序,相关的审计程序可能是测试期后支出、未支付发票、供应商结算单以及发票未到的收货报告单等。

审计证据的相关性还可能受审计程序的影响。特定的审计程序可能只为某些认定提供相关的审计证据,而与其他认定无关。例如,存货计价测试可以为存货的准确性、计价和分摊认定提供审计证据,但与存货的存在认定无关。有关某一特定认定的审计证据,不能替代与其他认定相关的审计证据。例如,应收账款函证程序可以为应收账款的存在认定提供审计证据,但是不能替代应收账款准确性、计价和分摊认定的审计证据。但不同来源或不同性质的审计证据可能与同一认定相关。例如,证明存货存在可以实地盘存存货,也可以检查存货入库清单。

2. 可靠性

审计证据的可靠性是指审计证据的可信赖程度。审计证据的可靠性取决于审计证据的来源和性质,并受取证环境的影响,也就是说,在确定审计证据是否可靠时,应当具体问题具体分析。审计证据的可靠性通常遵循以下判断原则。

(1)从外部独立来源获取的审计证据可能比从其他来源获取的审计证据更可靠。例如,银行对账单比银行存款余额调节表更可靠;如银行询证函回函比银行对账单更可靠;获得外部认可的内部证据可能比仅在被审计单位内部流转的证据要可靠,如销售发票副本比被审计单位的期末存货盘点表更可靠。

(2)内部控制有效时内部生成的审计证据比内部控制薄弱时内部生成的审计证据更可靠。例如,如果与销售业务相关的内部控制有效,从销售发票和发货单中取得的证据就比相关内部控制无效时获取的证据更可靠。

(3)直接获取的审计证据比间接获取或推论得出的审计证据更可靠。例如,注册会计师观察某项控制的运行得到的证据比询问被审计单位某项控制的运行得到的证据更可靠。

(4)以文件、记录形式(包括纸质、电子或其他介质)存在的审计证据比口头形式的审计证据更可靠。例如,会议的同步书面记录比对讨论事项事后的口头表述更可靠。在一般情况下,口头证据往往需要得到其他证据的支持。

(5)从原件获取的审计证据比从传真件或复印件获取的审计证据更可靠。传真件或复印件容易被篡改或伪造,可靠性较低。

(6)从不同来源获取的审计证据或不同性质的审计证据能够相互印证,则相关的审计证据更可靠。从不同来源获取的审计证据或不同性质的审计证据相互矛盾,则表明某项审计证据可能不可靠,注册会计师应当追加必要的审计程序。例如,注册会计师检查委托加工材料,经函证证实委托加工材料确实存在。委托加工协议和函证回函这两个不同来源的审计证据互相印证,证明委托加工材料真实存在。但是,如果注册会计师函证证实委托加工材料已加工完成并返回被审计单位,则委托加工材料是否存在存疑。这时,注册会计师应追加审计程序,确认委托加工材料收回后是否未入库,或被审计单位收回后予以销售而未入账。

小 贴 士

在保证获取充分、适当的审计证据的前提下,注册会计师应当考虑控制审计成本。但审计证据获取难、成本高不应成为减少不可替代审计程序的理由。

第二节　审计程序

一、审计程序的含义

审计程序有广义和狭义之分。广义的审计程序是指审计人员从事审计工作从开始到结束的步骤、内容和顺序,它主要是针对审计过程而言的,一般包括计划审计工作、实施审计工作和完成审计工作三个阶段,每个阶段都有其具体的工作内容。狭义的审计程序则是指审计人员在审计工作中为了获取审计证据所采取的审计方法,即审计取证的方法,这主要是针对审计证据而言的,一般包括检查、观察、询问、函证、重新计算、重新执行和分析程序等。广义的审计程序将在后续章节中阐述。本节主要围绕注册会计师审计阐述狭义的审计程序。

二、审计程序的种类

在审计过程中,注册会计师可根据需要单独或综合运用以下七种审计程序,以获取充分、适当的审计证据。

(一)检查

检查是指注册会计师对被审计单位内部或外部生成的,以纸质、电子或其他介质形式存在的记录和文件进行审查,或对资产进行实物审查。记录或文件可能包括各种原始凭证、记账凭证、会计账簿、财务报表以及其他文件(合同、会议记录、构成金融工具的股票、债券等)。有形资产可能包括现金、存货、固定资产、有价证券、应收票据等。

检查记录和文件可为其存在提供可靠的审计证据。审计证据的可靠性取决于记录或文件的来源和性质。通常,外部记录或文件比内部记录或文件更为可靠,例如,货物运单由被审计单位的供应商出具,又经被审计单位认可,表明双方对凭证上记录的相关信息达成一致意见。此外,某些编制过程谨慎,由律师或其他有特定资格的专家进行复核的外部凭证也具有较高的可靠性。

检查有形资产可为其存在认定提供可靠的审计证据,但不一定能够为权利和义务或计价认定提供可靠的审计证据。

(二)观察

观察是指注册会计师察看相关人员正在从事的活动或实施的程序。观察法适用于对内部控制的了解测试和对经营管理活动的考察。例如,对客户执行的存货盘点、信用审批过程进行观察,对客户车间生产活动进行观察,等等。

观察提供的审计证据仅限于观察发生的时间节点,并且相关人员在已经知道被观察时,从事活动或实施程序可能与日常的做法不同,从而影响注册会计师对真实情况的了解。因此,注册会计师在使用观察程序获取证据的时候,要注意其本身固有的局限性。

(三)询问

询问是指注册会计师以书面或口头方式,向被审计单位内部或外部的知情人员获取财务信息和非财务信息,并对答复进行评价的过程。知情人员对询问的答复可能为注册会计师提供尚未获悉的信息,也可能提供与已获悉信息存在重大差异的信息。审计人员应根据询问的结果修改审计程序或实施追加的审计程序。通过询问获得的证据(口头证据)一般不能作为结论性证据。对于重要事项,注册会计师可能针对询问的口头答复获取书面声明。

(四)函证

函证是指注册会计师直接从第三方(被询证者)获取书面答复(纸质、电子或其他介质形式)作为审计证据的过程。

1.函证对象

函证通常适用于账户余额及其组成部分(如应收账款明细账);也可能用于确认某些信息存在或不存在,如保证、抵押或质押、背后协议等;也可能用于获取某些细节信息,如某项重大交易的细节、合同条款的细节。

函证对象主要包括但不限于以下内容:(1)银行存款(包括零余额账户和在本期内注销的账户)、借款及与金融机构往来的其他重要信息;(2)应收账款;(3)其他项目,如交易性金融资产,应收票据,其他应收款,预付账款,由其他单位代为保管,加工或销售的存货,长期股权投资,应付账款,预收账款,保证,抵押或质押,或有事项,重大或异常的交易等。

小 贴 士

注册会计师应当对银行存款、借款及与金融机构往来的其他重要信息实施函证程序,除非有充分证据表明某一银行存款及与金融机构往来的其他重要信息对财务报表不重要且与之相关的重大错报风险很低。注册会计师应当对应收账款实施函证,除非有充分证据表明应收账款对财务报表不重要,或注册会计师认为函证很可能无效。如函证很可能无效,应当实施替代审计程序。

2.函证范围

注册会计师可以从总体中选取特定项目进行测试。选取的特定项目可能包括:(1)金额较大的项目;(2)账龄较长的项目;(3)交易频繁但期末余额较小的项目;(4)重大关联交易;(5)重大或异常的交易;(6)可能存在争议、舞弊或错误的交易。

3.函证时间

注册会计师通常以资产负债表日为截止日,在资产负债表日后的适当时间内实施函证。如果重大错报风险评估为低水平,注册会计师可选择资产负债表日前的适当日期为截止日实施函证,并对所函证项目自该截止日起至资产负债表日止发生的变动实施实质性程序。

4.函证方式

(1)积极的函证方式。如果采用积极的函证方式实施函证,注册会计师应当要求被询证者在所有情况下必须回函,确认询证函所列示信息是否正确,或填列询证函要求的信息。

(2)消极的函证方式。如果采用消极的函证方式,注册会计师只要求被询证者仅在不同意询证函列示信息的情况下才予以回函。

(3)函证方式选择。在实务中,注册会计师可以采用积极或消极的函证方式,也可将这两种方式结合使用。当同时存在下列情况时,注册会计师可考虑采用消极的函证方式:①重大错报风险评估为低水平;②涉及大量余额较小的账户;③预期不存在大量的错误;④没有理由相信被询证者不认真对待函证。

5.函证过程控制

为了保证函证的效果,注册会计师应当对询证函保持控制。

在函证发出前,注册会计师应对被询证者的名称、地址以及被函证信息执行核对程序,经被审计单位盖章后,由注册会计师直接发出;换言之,不得由被审计单位代发。

若函证采用邮寄方式发出,不应使用被审计单位本身的邮寄设施,注册会计师应独立寄发;若采用跟函,注册会计师需要在整个过程中保持对询证函的控制,同时,对被审计单位和被询证者之间串通舞弊的风险保持警觉。

(五)重新计算

重新计算是指注册会计师对记录或文件中数据计算的准确性进行核对。重新计算可通过手工方式或电子方式进行。例如,计算销售发票的金额,加总日记账和明细账,检查折旧费用的计算,检查应纳税额的计算等。重新计算往往同检查程序一并运用。

(六)重新执行

重新执行是指注册会计师独立执行原本作为被审计单位内部控制组成部分的程序或控制,以验证相关控制执行的有效性。例如,注册会计师利用被审计单位的银行存款日记账和银行对账单,重新编制银行存款余额调节表,并与被审计单位编制的银行存款余额调节表进行比较,验证被审计单位银行存款对账控制的执行情况。

在实务中,重新执行的成本较高,通常在询问、观察、检查等未能获取充分适当的证据时,才使用重新执行程序。

(七)分析程序

分析程序是指注册会计师分析不同财务数据之间及财务数据与非财务数据之间的内在关系,对财务信息作出评价。分析程序还包括在必要时调查已识别的与其他相关信息不一致或与预期值差异重大的波动或关系。

分析程序应用于整个审计过程中,其目的包括下列三种情况:

(1)用作风险评估程序,以了解被审计单位及其环境,识别那些可能表明财务报表存在重大错报风险的异常变化,进而评估重大错报风险。

例如,注册会计师根据对被审计单位及其环境的了解,得知本期在生产成本中占较大比重的原材料成本大幅上升。因此,注册会计师预期在销售收入没有较大变化的情况下,由于销售成本的上升,毛利率应下降。但是,注册会计师通过分析程序比较本期与上期毛利率,发现本期的毛利率与上期变化不大,据此推断销售成本可能存在重大错报风险。

实施风险评估程序时,应当运用分析程序,但并非每一环节都需要运用,如了解内部控制时,注册会计师一般不运用分析程序。

(2)用作实质性程序,即实施实质性分析程序收集审计证据,识别重大错报,以适当减少细节测试的工作量,节约审计成本,降低审计风险。

实质性分析程序并不适用于所有的财务报表认定。实质性分析程序通常更适用于在一段时期内存在预期关系的大量交易。

(3)用于审计临近结束时的总体复核,即确定财务报表中列报的所有信息是否与注册会计师对被审计单位的了解一致,以佐证对财务报表形成的总体结论。

第三节　审计工作底稿

一、审计工作底稿的含义

审计工作底稿,是指注册会计师对制定的审计计划、实施的审计程序、获取的相关审计证据,以及得出的审计结论做出的记录。

审计工作底稿是审计证据的载体,是注册会计师在审计过程中形成的审计工作记录和获取的资料。它形成于审计过程,也反映整个审计过程。

二、审计工作底稿的要素与格式

通常,审计工作底稿包括下列全部或部分要素。

1. 审计工作底稿的标题

审计工作底稿的标题包括被审计单位名称、审计项目名称以及资产负债表日或底稿覆盖的会计期间(如果与交易相关)等。

2. 审计过程记录

在记录审计过程时,应特别注意以下几个方面:

(1)具体项目或事项的识别特征。在记录实施审计程序的性质、时间安排和范围时,注册会计师应记录测试的具体项目或事项的识别特征。识别特征是指被测试的项目或事项表现出的征象或标志,具有唯一性。识别特征因审计程序的性质和测试项目或事项的不同而不同。对某一个具体项目或事项而言,其识别特征通常具有唯一性,这种特性可以使其他人员根据识别特征在总体中识别该项目或事项并重新执行该测试。

识别特征,既能反映项目组履行职责的情况,也便于对例外事项或不符事项进行调查,以及对测试的项目或事项进行复核。如在对被审计单位生成的订购单进行细节测试时,注册会计师能够以订购单的日期和其唯一编号作为测试订购单的识别特征。

对于需要选取或复核既定总体内一定金额以上的所有项目的审计程序，注册会计师可以记录实施程序的范围并指明该总体。例如，银行存款日记账中一定金额以上的所有会计分录。

对于需要系统化抽样的审计程序，注册会计师可能会通过记录样本的来源、抽样的起点及抽样间隔来识别已选取的样本。例如，若被审计单位对发运单顺序编号，测试的发运单的识别特征可以是对 4 月 1 日至 9 月 30 日的发运记录，从第 12345 号发运单开始每隔 125 号系统抽取发运单。

对于需要询问被审计单位中特定人员的审计程序，注册会计师可能会以询问的时间、询问人的姓名及职位作为识别特征。

对于观察程序，注册会计师可以以观察的对象或观察过程、相关被观察人员及其各自责任、观察的地点和时间作为识别特征。

(2)重大事项。注册会计师应当根据具体情况判断某一事项是否属于重大事项。重大事项通常包括：①引起特别风险的事项；②实施审计程序的结果，该结果表明财务信息可能存在重大错报，或需要修正以前对重大错报风险的评估和针对这些风险拟采取的应对措施；③导致注册会计师难以实施必要审计程序的情形；④导致出具非标准审计报告的事项。

注册会计师应当记录与管理层、治理层和其他人员对重大事项的讨论，包括所讨论事项的性质以及讨论的时间、地点和参加人员。

有关重大事项的记录可能分散在审计工作底稿的不同部分。为了方便注册会计师评价重大事项对审计工作的影响，提高复核底稿的效率，应将其汇总在"重大事项概要"中。

(3)针对重大事项如何处理不一致的情况。

如果识别出的信息与针对某重大事项得出的最终结论不一致，注册会计师应当记录如何处理不一致的情况。上述情况包括但不限于：注册会计师针对该信息执行的审计程序，项目组成员对某事项的职业判断不同而向专业技术部门咨询的情况，以及对项目组成员和被咨询人员不同意见(如项目组与专业技术部门意见不同)的解决情况。

3.审计结论

审计工作的每一部分都应包含与已实施的审计程序的结果及其是否实现既定审计目标相关的结论，还应包括审计程序识别出的例外情况和重大事项如何得到解决的结论。注册会计师需要根据所实施的审计程序及获取的审计证据得出结论，并以此作为发表审计意见的基础。在记录审计结论时需要注意，在审计工作底稿中记录的审计程序和审计证据是否足以支持所得出的审计结论。

4.审计标识及其说明

审计标识被用于与已实施审计程序相关的底稿。每张底稿都包含对已实施程序的性质和范围所作的解释,以支持每一个标识的含义。审计工作底稿中可使用各种审计标识,但应说明其含义,并保持前后一致。表 5-2 是注册会计师在审计工作底稿中列明标识并说明其含义的例子,供参考。

表 5-2　审计底稿中的审计标识与含义表

审计标识	含义	审计标识	含义
$\wedge$	纵加核对相符	$<$	横加核对相符
B	与上年结转数核对一致	T	与原始凭证核对一致
G	与总分类账核对一致	S	与明细账核对一致
C	已发询证	C\:	已收回询证函

5.索引号及编号

通常,审计工作底稿需要注明索引号及顺序编号,相关审计工作底稿之间需要保持清晰的勾稽关系。

索引号就是按照一定的规律对审计工作底稿进行的分类编号。注册会计师可以按照所记录的审计工作内容、层次进行编号,具有唯一性。编号是同一索引号下多页审计工作底稿的顺序编号。例如,固定汇总表的编号为 C1,按类别列示的固定资产明细表的编号为 C1-1,房屋建筑物的编号为 C1-1-1,机器设备的编号为 C1-1-2,运输工具的编号为 C1-1-3,其他设备的编号为C1-1-4。相互引用时,需要在审计工作底稿中交叉注明索引号。

6.编制者和复核者及其执行日期

为了明确责任,在各自完成与特定工作底稿相关的任务后,编制者和复核者都应在工作底稿上签名并注明编制日期和复核日期。

三、审计工作底稿的复核

审计工作底稿的复核包括项目组内部复核和项目质量控制复核两级,而项目组内部复核又包括项目组成员的复核和项目合伙人的复核两次。

其中,项目组内部复核对所有审计项目都是必须的,项目质量控制复核是针对特定业务实施的。

审计工作底稿的复核相关内容详见第九章。

四、审计工作底稿的管理

(一)审计工作底稿的归档

注册会计师应当及时将审计工作底稿归整为审计档案。审计工作底稿的归档期间为审计报告日后 60 天内。如果注册会计师未能完成审计业务,则审计工作底稿的归档期限为中止审计业务日后 60 天。

(二)审计工作底稿的保管日

自审计报告日(或中止审计业务日)起,审计工作底稿至少应保存 10 年。

(三)审计工作底稿的修改

在完成审计档案工作后,注册会计师如果发现有必要修改现有审计工作底稿或增加新的审计工作底稿,应当记录修改或增加审计工作底稿的时间和人员、复核的时间和人员,以及修改或增加的理由。

复习题

一、判断题

( )1.检查固定资产能够确认固定资产的存在及其使用状况。

( )2.重新执行是指注册会计师察看相关人员正在从事的活动或执行的程序。

( )3.通过询问可以从客户那里获得大量的证据,而且可以作为结论性证据。

( )4.检查程序的实施通常具有方向性。如果要确认交易的发生认定,则需要从原始凭证中抽取凭证样本,然后向账簿进行追查;如果要确认交易的完整性认定,则需要从账簿记录中抽取交易样本,然后向原始凭证进行追查。

( )5.监盘存货形成的存货盘点表能够证明存货的存在,却不能证明存货的所有权与价值。

( )6.审计工作底稿必须由审计人员签名盖章,并由审计项目负责人审批核实,以明确各自的责任。

( )7.审计工作底稿的保管期限,一般都属于永久性保管。

( )8.在保证获取充分、适当的审计证据的前提下,注册会计师应考虑控制审计成本,但如果审计证据获取难、成本高,则可减少不可替代的审计程序。

(　　)9.审计工作底稿是审计人员在整个审计工作过程中形成的全部资料的载体。

(　　)10.审计人员对10万元银行存款进行审查时,发现有50元被出纳贪污,则通常认为,这种情况是微不足道的。

二、单选题

1.注册会计师索取被审计单位的银行存款日记账和银行对账单,重新编制银行存款余额调节表,并与被审计单位编制的银行存款余额调节表进行比较,验证被审计单位银行存款对账控制的执行情况。这属于(　　)程序。

　　A.函证　　　　　　　　　　　B.重新执行

　　C.检查　　　　　　　　　　　D.重新计算

2.下列有关函证的说法中,正确的是(　　)。

　　A.如果注册会计师认为取得积极式函证回函是获取充分、适当的审计证据的必要程序,则替代程序不能提供注册会计师所需要的审计证据

　　B.如果被审计单位与银行存款存在认定有关的内部控制设计良好并有效运行,注册会计师可适当减少函证的样本量

　　C.注册会计师应当对应收账款实施函证程序,除非应收账款对财务报表不重要且评估的重大错报风险低

　　D.如果注册会计师将重大错报风险评估为低水平,且预期不符事项的发生率很低,可以将消极式函证作为唯一的实质性程序

3.以下有关函证的表述中恰当的是(　　)。

　　A.函证银行存款仅可以了解银行存款余额正确与否

　　B.对于零余额账户无须函证

　　C.对于本期内注销的账户无须函证

　　D.银行存款余额无论大小都必须函证

4.下列审计程序中,通常不用作控制测试的是(　　)。

　　A.重新执行　　　　　　　　　B.检查

　　C.分析程序　　　　　　　　　D.观察

5.审计证据的哪项特征是指审计证据的数量足以支持审计意见?(　　)

　　A.客观性　　　　　　　　　　B.相关性

　　C.充分性　　　　　　　　　　D.可靠性

6.在获取的下列审计证据中,可靠性最强的是(　　)。

　　A.ABC公司连续编号的采购订单　　B.ABC公司编制的成本分配计算表

　　C.ABC公司提供的银行对账单　　　D.ABC公司管理层提供的声明书

7. 下列有关审计证据的说法中,错误的是( )。

  A. 审计证据主要是在审计过程中通过实施审计程序获取的

  B. 审计证据不包括会计师事务所接受与保持客户时实施质量控制程序获取的信息

  C. 审计证据包括支持和佐证管理层认定的信息,也包括与这些认定相矛盾的信息

  D. 在某些情况下,信息的缺乏(如管理层拒绝提供注册会计师要求的声明)本身也构成审计证据

8. 下列有关审计证据充分性的说法中,错误的是( )。

  A. 计划从实质性程序中获取的保证程度越高,需要的审计证据可能越多

  B. 评估的重大错报风险越高,需要的审计证据可能越多

  C. 审计证据质量越高,需要的审计证据可能越少

  D. 初步评估的控制风险越低,需要通过控制测试获取的审计证据可能越少

9. 下列有关审计证据的说法中,错误的是( )。

  A. 从外部独立来源获取的审计证据比从其他来源获取的审计证据更可靠

  B. 口头证据与书面证据矛盾时,注册会计师应当采用书面证据

  C. 审计证据相关性可能受测试方向的影响

  D. 相关性和可靠性是审计证据适当性的核心

10. 组成部分注册会计师基于集团审计目的出具审计报告的日期为 2014 年 2 月 15 日,集团项目组出具集团审计报告的日期为 2014 年 3 月 5 日。下列有关组成部分注册会计师的审计工作底稿保存期限的说法中,正确的是( )。

  A. 应当自 2014 年 1 月 1 日起至少保存十年

  B. 应当自 2014 年 2 月 15 日起至少保存十年

  C. 应当自 2014 年 3 月 5 日起至少保存十年

  D. 应当自 2014 年 4 月 16 日起至少保存十年

三、多选题

1. 下列属于执行检查程序的有( )。

  A. 检查会计凭证有无涂改、挖补等伪造、变造现象

  B. 审查原始凭证是否连续编号,大小写金额是否相符

  C. 让被审计单位会计人员对借款利息资本化做出解释

  D. 审查账户对应关系是否正常,交易金额有无异常的现象

2. 下列属于运用观察审计程序的是( )。

  A. 监督客户执行的存货盘点

B. 对客户的控制活动进行观察

C. 亲自抽点客户的存货

D. 对客户的车间生产状况进行观察

3. 在审计实务中对库存现金、存货等常用的监盘是一项复合程序,由( )构成。

　　A. 检查　　　　　　　　　　B. 观察

　　C. 重新计算　　　　　　　　D. 重新执行

4. 下列有关识别特征的表述中正确的有( )。

　　A. 询问管理层存货出库控制执行情况时,以询问时间为主要识别特征

　　B. 检查销售合同时,以合同编号为主要识别特征

　　C. 检查销售发货运单时,以运单编号为主要识别特征

　　D. 测试应收账款信用授权控制时,以债务人名称、销售业务发生的时间为主要识别特征

5. 审计证据的适当性是对证据质量的衡量,即证据的( )。

　　A. 相关性　　　　　　　　　　B. 足够性

　　C. 可靠性　　　　　　　　　　D. 适当性

6. 在获取审计证据时,注册会计师应该通过一定的审计程序,这些审计程序包括( )。

　　A. 风险评估程序　　　　　　　B. 控制测试

　　C. 实质性程序　　　　　　　　D. 实地盘点

7. 下列说法正确的有( )。

　　A. 一般地,独立来源的证据比内部证据更可靠,如银行对账单要比银行存款余额调节表更可靠

　　B. 从原件获取的审计证据比从传真或复印件获取的审计证据更可靠

　　C. 直接获取的审计证据一定比间接获取或推论得出的审计证据更可靠

　　D. 以文件记录形式存在的审计证据比口头形式的审计证据更可靠,如会议的同步书面记录比对讨论事项事后的口头表述更可靠

8. 下列情形中关于获取的审计证据与特定审计目标不相关的有( )。

　　A. 监盘存货,验证存货的存在认定

　　B. 监盘存货,验证存货的所有权和价值

　　C. 从发货单中选取样本,追查至销售发票,验证虚开发票

　　D. 从销售发票中选取样本,追查至发货单,验证虚开发票

9. 注册会计师实施的下列审计程序中,不属于重新执行的有( )。

　　A. 注册会计师利用被审计单位的银行存款日记账和银行对账单,重新编制

银行存款余额调节表,并与被审计单位编制的银行存款余额调节表进行比较

B. 对应收账款余额实施的函证

C. 以人工方式或使用计算机辅助审计技术,对记录或文件中的数据计算的准确性进行核对

D. 对客户执行的存货盘点或控制活动进行观察

10. 注册会计师应当对函证的全过程保持控制,下列说法中,错误的有( )。

A. 询证函经被审计单位盖章,注册会计师进行复核之后,由被审计单位直接发出

B. 在选择被询证者时,需要考虑被询证者对被函证信息是否知情

C. 对于银行存款的函证,需要银行确认的信息是否与银行存款明细账保持一致

D. 由被审计单位填制好询证函,注册会计师核对后直接发出

四、案例分析题

1. 针对下列第(1)项—第(7)项,逐项指出明玉集团审计项目组的做法是否恰当,如不恰当,简要说明理由。

(1)审计项目组成员要求被询证方 A 公司将回函直接寄至会计师事务所,但 A 公司将回函寄至明玉集团财务部,项目组成员取得了该回函,将其归入审计工作底稿。

(2)审计项目组以传真件方式收到的回函,项目组成员与被询证方取得了电话联系,确认回函信息,在审计工作底稿中记录了电话内容、时间、对方姓名与职位,并在审计工作底稿中签署自己的姓名和完成日期。

(3)未收到被询证方 C 公司的应收账款回函,项目组成员致电询问,得到答复称已核对余额无误,审计项目组将被询证方答复完整记录于审计工作底稿中。

(4)甲公司在乙银行设立了一个用以缴纳税款的专门账户,除此之外,与乙银行没有其他业务关系,审计项目组认为,该账户的重大错报风险很低且余额不重大,未对该账户实施函证程序。

(5)甲公司在乙银行设立了一个用以缴纳税款的专门账户,除此以外,与乙银行没有其他业务关系,审计项目组认为,该账户的重大错报风险很低且余额不重大,未对该账户实施函证程序。

(6)审计项目组负责填写询证函信息,甲公司业务员负责填写询证函信封,审计项目组取得加盖公章的询证函及业务员填写的信封后,直接到邮局将询证函寄出。

(7)客户丙公司的回函并非询证函原件。甲公司财务人员解释,在催收回函时,由于丙公司财务人员表示未收到询证函,因此将其留存的询证函复印件寄送给了丙公司,并要求丙公司财务人员将回函直接寄回至 ABC 会计师事务所,审计项目组认为该解释合理,无须实施进一步审计程序。

2. 针对下列事项,逐项指出审计项目组的做法是否恰当。如不恰当,简要说明理由。

ABC 会计师事务所负责审计甲公司 2014 年度财务报表,审计项目组确定财务报表整体的重要性为 100 万元,明显微小错报的临界值为 5 万元,审计工作底稿中与函证程序相关的部分内容摘录如下:

(1)审计项目组在寄发询证函前,将部分被询证方的名称、地址与甲公司持有的合同及发票中的对应信息进行了核对。

(2)审计项目组成员跟随甲公司出纳到乙银行实施函证,出纳到柜台办理相关事宜,审计项目组成员在等候区等候。

(3)客户丙公司年末应收账款余额 100 万元,回函金额 90 万元,因差异金额高于明显微小错报的临界值,审计项目组据此提出了审计调整建议。

(4)客户丁公司回函邮寄显示发函地址与甲公司提供的地址不一致,甲公司财务人员解释是由于丁公司有多处办公地址所致,审计项目组认为该解释合理,在审计工作底稿中记录了这一情况。

(5)客户戊公司为海外公司,审计项目组收到戊公司境内关联公司代为寄发的询证函回函,未发现差异,结果令人满意。

第六章
审计计划

学 习 目 标

学完本章,你应该能够:

- 了解初步业务活动的内容;
- 了解业务约定书的主要内容;
- 理解总体审计策略和具体审计计划的主要内容。

导 入 案 例

小舅子的项目

注册会计师小王的妻弟刘虎是 ABC 公司新任的财务总监。临近年关,刘虎给小王打电话,说他们想更换合作的事务所,正好把业务介绍给姐夫。小王是个"妻管严",小舅子的事情马虎不得,正好也可以拓展新业务,所以,二话没说就答应了。审计入场后,小王发现 ABC 公司的原财务总监在他小舅子入职前三个月就离职了,公司的财务制度非常混乱。刘虎又是个半路出家的"半吊子"财务,接手后也没有厘清公司的财务状况。小王带队的项目组成员需要公司提供的资料,刘虎总是找各种理由拒绝提供。尽管审计工作遇到了各种麻烦,碍于妻子的关系,小王最终还是出具了无保留意见的审计报告。但是,小王肠子都悔青了。

思考:如果您是注册会计师小王,您会怎么处理妻弟的业务?

第一节　初步业务活动

计划审计工作对注册会计师顺利完成审计工作和控制审计风险具有非常重要的意义。在计划审计工作时,注册会计师需要进行初步业务活动、制订总体审计策略和具体审计计划。

一、初步业务活动的目的和内容

(一)初步业务活动的目的

在本期审计业务开始时,注册会计师需要开展初步业务活动,以实现以下三个主要目的:(1)具备执行业务所需的独立性和能力;(2)不存在因管理层诚信问题而可能影响注册会计师保持该项业务的意愿的事项;(3)与被审计单位之间不存在对业务约定条款的误解。

(二)初步业务活动的内容

注册会计师应当开展下列初步业务活动。

1.针对保持客户关系和具体审计业务实施相应的质量控制程序

注册会计师应当根据针对保持客户关系和具体审计业务实施相应质量控制程序的结果,做出适当的决策以控制审计风险。例如,注册会计师应了解被审计单位的业务性质、经营规

业务承接评价表
参考格式

模、组织结构、经营状况和财务状况、以前年度接受审计的情况、所在行业的市场竞争状况与发展趋势、技术变动、行业适用的法律法规、环保问题、监管情况、信息系统等,用以确定是否接受或保持审计业务。如决定接受或保持审计业务,则这种了解也为计划审计工作提供了基础。

2.评价遵守相关职业道德要求的情况

会计师事务所的质量控制准则含有包括独立性在内的有关职业道德的要求。注册会计师应当评价独立性、专业胜任能力以及必要的时间和资源。同时,不存在因管理层诚信问题而影响注册会计师保持业务意愿的情况。

3.就审计业务约定条款达成一致意见

在做出接受或保持客户关系及具体审计业务的决策后,注册会计师应当与被审计单位就审计业务约定条款达成一致意见,签订或修改审计业务约定书,以避免双方对审计业务的理解产生分歧。

(三)审计业务约定书

1.审计业务约定书的基本内容

审计业务约定书的具体内容和格式可能因被审计单位的不同而不同,但

应当包括以下主要内容。

(1)财务报表审计的目标与范围;(2)注册会计师的责任;(3)管理层的责任;(4)指出用于编制财务报表所适用的财务报告编制基础;(5)提及注册会计师拟出具的审计报告的预期形式和内容,以及对在特定情况下出具的审计报告可能不同于预期形式和内容的说明。

2.审计业务约定书的特殊考虑

如果情况需要,注册会计师还应当考虑在审计业务约定书中列明的内容包括但不限于以下情况:(1)说明审计和内部控制的固有限制;(2)计划和执行审计工作的安排,如审计项目组的构成;(3)收费的计算基础和收费安排;(4)对利用其他注册会计师和专家工作的安排;(5)与前任注册会计师沟通的安排;(6)向其他机构或人员提供审计工作底稿的义务等。

审计业务约定书
参考范例

如果母公司的注册会计师同时也是组成部分注册会计师,需要决定是否向组成部分单独致送审计业务约定书。

如为连续审计,注册会计师应当根据具体情况评估是否需要对审计业务约定条款做出修改,注册会计师可以决定不在每期都致送新的业务约定书。

第二节　审计计划

审计计划分为总体审计策略和具体审计计划两个层次。注册会计师应当针对总体审计策略中所识别的不同事项,制订具体审计计划,并考虑通过有效利用审计资源以实现审计目标。

一、总体审计策略

注册会计师应当为审计工作制订总体审计策略。总体审计策略用以确定审计范围、时间安排和方向,并指导具体审计计划的制订。在制订总体审计策略时,应当考虑以下主要事项。

(一)审计范围

在确定审计范围时,需要考虑以下具体情况:

(1)被审计单位编制财务报表所依据的财务报告编制基础(如企业会计准则、小企业会计准则等);

(2)特定行业的报告要求,如某些行业监管机构要求提交的报告;

(3)预期的审计工作涵盖的范围,包括所审计的集团内各组成部分的数量及所在地点;

(4)母公司和集团组成部分之间存在的控制关系的性质,以确定如何编制合并财务报表;

(5)由组成部分注册会计师审计组成部分的范围;

(6)拟审计的经营分部的性质,包括是否需要具备各专门知识;

(7)外币折算,包括外币交易的会计处理,外币财务报表的折算和相关信息的披露;

(8)除为合并目的执行的审计工作之外,对个别财务报表进行法定审计的需求;

(9)内部审计工作的可获得性及注册会计师拟信赖内部审计工作的程度;

(10)被审计单位使用服务机构的情况,及注册会计师如何取得有关服务机构内部控制设计和运行有效性的证据;

(11)对利用在以前审计工作中获取的审计证据(如获取的与风险评估程序和控制测试相关的审计证据)的预期;

(12)信息技术对审计程序的影响,包括数据的可获得性和对使用计算机辅助审计技术的预期;

(13)协调审计工作与中期财务信息审阅的预期涵盖范围和时间安排,以及中期审阅所获取的信息对审计工作的影响;

(14)与被审计单位人员的时间协调和相关数据的可获得性。

(二)报告目标、时间安排及所需沟通的性质

为计划报告目标、时间安排和所需沟通,需要考虑下列事项:

(1)被审计单位对外报告的时间表,包括中间阶段和最终阶段;

(2)与管理层和治理层的沟通(讨论审计工作的性质、时间安排和范围;讨论注册会计师拟出具的报告的类型和时间安排及其他事项;讨论审计工作的进展);

(3)与组成部分注册会计师沟通拟出具的报告的类型和时间安排及其他事项;

(4)与项目组成员之间沟通(项目组会议的性质和时间安排以及复核已执行工作的时间安排);

(5)与第三方进行其他沟通(如有必要,包括与审计相关的法定或约定的报告责任)。

(三)审计方向

在确定审计方向时,注册会计师需要考虑下列事项:

(1)确定适当的重要性水平;

(2)重大错报风险较高的审计领域;

(3)评估的财务报表层次的重大错报风险对指导、监督及复核的影响;

(4)项目组人员的选择(在必要时包括项目质量控制复核人员)和工作分工,包括向重大错报风险较高的审计领域分派具备适当经验的人员;

(5)项目预算,包括考虑为重大错报风险可能较高的审计领域分配适当的工作时间;

(6)向项目组成员强调在收集和评价审计证据过程中保持职业怀疑的必要性;

(7)以往审计中对内部控制运行有效性进行评价的结果,包括所识别的控制缺陷的性质及应对措施;

(8)管理层重视设计和实施健全的内部控制的相关证据,包括这些内部控制得以适当记录的证据;

(9)业务交易量规模,以基于审计效率的考虑确定是否依赖内部控制;

(10)对内部控制重要性的重视程度;

(11)影响被审计单位经营的重大发展变化,包括信息技术和业务流程的变化,关键管理人员变化,以及收购、兼并和分立;

(12)重大的行业发展情况,如行业法规变化和新的报告规定;

(13)会计准则及会计制度的变化;

(14)其他重大变化,如影响被审计单位的法律环境的变化。

(四)审计资源

注册会计师应当在总体审计策略中清楚地说明审计资源的规划和调配,包括确定执行审计业务所必需的审计资源的性质、时间安排和范围。包括以下几个方面:

(1)向具体审计领域调配的资源,包括向高风险领域分派有适当经验的项目组成员,就复杂的问题利用专家工作等;

(2)向具体审计领域分配资源的多少,包括分派到重要地点进行存货监盘的项目组成员的人数,在集团审计中复核组成部分注册会计师工作的范围,向高风险领域分配的审计时间预算等;

(3)何时调配这些资源,例如,是在期中审计阶段还是在关键的截止日期调配资源等；

(4)如何管理、指导、监督这些资源,包括预期何时召开项目组预备会和总结会,预期项目合伙人和经理如何进行复核,是否需要实施项目质量控制复核等。

二、具体审计计划

注册会计师应当为审计工作制订具体审计计划。具体审计计划比总体审计策略更加详细,其内容包括项目组成员拟实施的审计程序的性质、时间安排和范围。具体审计计划应当包括风险评估程序、计划实施的进一步审计程序和其他审计程序。

(一)风险评估程序

为了充分识别和评估财务报表重大错报风险,注册会计师计划实施的风险评估程序的性质、时间安排和范围。

(二)计划实施的进一步审计程序

针对评估的认定层次的重大错报风险,注册会计师计划实施进一步审计程序的性质、时间安排和范围。

通常,注册会计师计划的进一步审计程序可以分为进一步审计程序的总体方案和拟实施的具体审计程序(包括进一步审计程序的具体性质、时间安排和范围)两个层次。进一步审计程序的总体方案主要是指注册会计师针对各类交易、账户余额和披露决定采用的总体方案(包括实质性方案和综合性方案)。具体审计程序则是对进一步审计程序的总体方案的延伸和细化,它通常包括控制测试和实质性测试的性质、时间安排和范围。

(三)计划其他审计程序

具体审计计划应当包括根据审计准则的规定,注册会计师针对审计业务需要实施的其他审计程序。计划的其他审计程序可以包括上述进一步程序的计划中没有涵盖的、根据其他审计准则的要求注册会计师应当执行的既定程序。

三、审计过程中对计划的更改

计划审计工作贯穿于整个审计业务的始终,注册会计师应在必要时对总体审计策略和具体审计计划做出更新和修改。例如,对重要性水平的修改,对某类交易、账户余额和披露的重大错报风险的评估和进一步审计程序(包括总体方案和拟实施的具体审计程序)的更新和修改等。注册会计师应当在审计工作底稿中记录做出的重大修改和理由。

小贴士

(1)注册会计师可以同被审计单位管理层、治理层就审计计划、审计工作的某些情况进行沟通,但要保持职业谨慎,以防止由于具体审计程序易于被管理层或治理层预见而损害审计工作的有效性。

(2)独立制订审计计划是注册会计师的责任。项目负责人和项目组其他关键成员都应当参与计划审计工作。

复习题

一、判断题

( )1.初步业务活动主要是对被审计单位的财务报表及账户余额进行检查。

( )2.具体审计计划比总体审计策略更加详细。

( )3.具体审计计划用以确定审计范围、时间安排和方向,并指导制订总体审计策略。

( )4.审计计划制订后,审计人员不得对审计计划进行修订和补充。

( )5.对任何一个审计项目、任何一家会计师事务所而言,不论其业务繁简也不论其规模大小,审计人员都应制订审计计划。

( )6.首次接受委托是指审计机构在被审计单位从未经过独立审计的情况下接受的审计委托。

( )7.会计师事务所对任何一个审计委托项目不论其业务繁简和规模大小,都应做审计计划。

( )8.审计业务约定书双方中,一方是指注册会计师,另一方是委托单位的法定代表人。

( )9.为了防止审计程序被管理层或治理层预见,注册会计师不可以同被审计单位的管理层与治理层就计划审计工作进行沟通。

( )10.审计人员可以与被审计单位有关人员就审计计划进行讨论和协调,共同编制审计计划。

二、单选题

1.下列哪项是指会计师事务所与被审计单位签订的,用以记录和确认审计业

务的委托与受托关系、审计目标和业务范围、双方的责任以及报告的格式等事项的书面协议?(　　)

    A. 审计计划   B. 审计业务约定书

    C. 总体审计策略   D. 具体审计计划

2. 下列哪项是指注册会计师为了高效地完成某项审计业务、达到预期审计目标而对审计工作做出的安排?(　　)

    A. 审计计划   B. 审计业务约定书

    C. 审计准则   D. 审计工作底稿

3. 下列哪项是用以确定审计范围、时间安排和方向的?(　　)

    A. 总体审计策略   B. 审计业务约定书

    C. 审计依据   D. 具体审计计划

4. 下列哪项是依据总体审计策略制订的,比总体审计策略更加详细?(　　)

    A. 审计业务约定书   B. 具体审计计划

    C. 审计准则   D. 审计工作底稿

5. 具体审计计划不包括的是(　　)。

    A. 计划实施的风险评估程序   B. 计划实施的进一步审计程序

    C. 计划实施的其他审计程序   D. 向具体审计领域调配的资源

6. 下列不包括在总体审计策略中的是(　　)。

    A. 计划实施的风险评估程序   B. 向具体审计领域分配资源的数量

    C. 何时向具体审计领域调配资源   D. 向具体审计领域调配的资源

7. 下列说法正确的是(　　)。

    A. 注册会计师不可以同被审计单位管理层、治理层就计划审计工作的某些情况进行沟通

    B. 审计计划可以交由被审计单位管理层制订

    C. 审计计划的修正、更新贯穿整个审计过程

    D. 总体审计策略与具体审计计划的制订过程完全孤立

8. ABC 会计师事务所首次接受委托,审计甲公司 2019 年度财务报表,委派 A 注册会计师担任关键审计合伙人。下列不属于 A 注册会计师开展初步业务活动内容的是(　　)。

    A. 对期初余额执行审计程序

    B. 在征得甲公司同意的前提下,与前任注册会计师沟通

    C. 与甲公司签订业务约定书

    D. 评价项目组是否具备胜任能力

9.下列关于审计业务约定书的说法中,不正确的是(　　)。

A.审计业务约定书的签署双方分别是会计师事务所和被审计单位

B.审计业务约定书中既包括被审计单位管理层应当承担的责任,又包括会计师事务所应履行的义务

C.会计师事务所在与被审计单位签订审计业务约定书之前,应委派注册会计师了解被审计单位的基本情况,并对与财务报表编制直接相关的内部控制进行测试

D.会计师事务所的专业胜任能力和独立性是承接审计业务的先决条件

10.注册会计师在进行初步业务活动时,无须执行的工作是(　　)。

A.接受委托前与前任注册会计师进行电话沟通

B.就审计业务约定条款达成一致意见

C.评价遵守相关职业道德要求的情况

D.了解被审计单位的经营情况及内部控制

三、多选题

1.审计业务约定书的具体内容包括(　　)。

A.财务报表审计的目标　　　　B.管理层对财务报表的责任

C.执行审计工作的安排　　　　D.确定审计收费

2.下列关于审计业务约定书的说法正确的有(　　)。

A.审计业务约定书是会计师事务所与被审计单位签订的协议

B.审计业务约定书的具体内容和格式可能因被审计单位的不同而存在差异

C.会计师事务所承接某些审计业务可以不与被审计单位签订审计业务约定书

D.审计业务约定书应由会计师事务所与被审计单位法人代表或授权代表签署,并加盖双方单位印章

3.初步业务活动包括(　　)。

A.初步了解被审计单位及其环境

B.评价被审计单位的治理层、管理层是否诚信

C.评价会计师事务所与注册会计师遵守职业道德的情况

D.签订或修改审计业务约定书

4.注册会计师应当在总体审计策略中清楚地说明(　　)。

A.向具体审计领域调配的资源　　　B.向具体审计领域分配资源的数量

C.何时调配资源　　　　　　　　　D.如何管理、指导、监督资源的利用

5.在制订总体审计策略时,注册会计师应考虑的主要事项有(　　)。

A.审计工作范围　　　　　　　　B.审计业务时间安排

C.审计工作方向　　　　　　　　D.风险评估程序

6. 哪些人应当参与计划审计工作,利用其经验和见解,以提高计划过程的效率和效果?(   )

    A. 项目负责人   B. 项目组其他关键成员

    C. 被审计单位管理层   D. 被审计单位治理层

7. 具体审计计划的主要内容有(   )。

    A. 项目组成员的分工   B. 风险评估程序

    C. 计划实施的进一步审计程序   D. 计划其他审计程序

8. 审计计划可分为(   )。

    A. 总体审计策略   B. 具体审计计划

    C. 审计工作底稿   D. 审计业务约定书

9. 为了确定审计的前提条件是否存在,注册会计师应当就管理层认可并理解其责任与管理层达成一致意见。下列有关管理层责任的说法中,正确的有(   )。

    A. 管理层应当按照适用的财务报告编制基础编制财务报表,并使其实现公允反映

    B. 管理层应当设计、执行和维护必要的内部控制,以使财务报表不存在由于舞弊或错误导致的重大错报

    C. 管理层应当向注册会计师提供必要的工作条件,包括允许注册会计师接触与编制财务报表相关的所有信息

    D. 管理层应当允许注册会计师在获取审计证据时不受限制地接触其认为必要的内部人员和其他相关人员

10. 审计业务约定书的内容包括(   )。

    A. 签约双方的名称   B. 签约双方的义务

    C. 会计责任和审计责任   D. 审计目标和范围

四、案例分析

    注册会计师负责审计甲公司 2019 年度财务报表,在具体审计计划中记录拟对销售与收款循环采用综合性方案,后因在控制测试时发现相关控制运行无效,于是将其改为实质性方案,重新编制具体审计计划工作底稿,并替换原审计计划工作底稿。

    要求:指出注册会计师的做法是否恰当,如不恰当,说明理由。

第七章
风险评估

学 习 目 标

　　学完本章,你应该能够:

- 了解风险评估的含义;
- 掌握风险评估程序;
- 了解、理解被审计单位及其环境的主要内容;
- 了解、理解被审计单位内部控制相关内容;
- 了解识别与评估重大错报风险的思路;
- 掌握重大错报风险的常见情形。

导 入 案 例

了解被审计单位及其环境

　　BB 公司主要从事 A 产品的生产和销售,无明显产销淡旺季。X 和 Y 注册会计师负责审计 BB 公司 2019 年年度财务报表,于 2019 年 12 月 3 日至 12 月 18 日对 BB 公司相关的内部控制进行了解与评价,发现 BB 公司内部控制环境十分薄弱,而且可能存在高层舞弊的情况。

　　X 和 Y 注册会计师决定组织项目组成员对 BB 公司财务报表存在重大错报的可能性进行讨论,严格要求所有项目组成员每次均应参与项目组讨论。讨论的结果认为,注册会计师应当全面获取 BB 公司内部的财务和非财务信息作为了解被审计单位及其环境的审计证据;尽管已经了解到控制环境薄弱,但仍可以认定某一业务流程的内部控制是有效的;有必要对 BB 公司财务业绩的衡量和评价进行了解,最重要的目的是评价 BB 公司的业绩与行业水准之间的差异及原因。

　　思考:

　　1.假定不考虑其他条件,请指出 X 和 Y 注册会计师可以选择实施哪些审计程序以了解 BB 公司相关内部控制?

　　2.为了识别和评估财务报表重大错报风险,除了对相关的内部控制进行了解与评价之外,注册会计师还需要了解 BB 公司及其环境的哪些方面?

第一节　了解被审计单位及其环境

风险导向审计是当今主流的审计方法,它要求注册会计师识别和评估重大错报风险,设计和实施进一步审计程序以应对评估的重大错报风险,并根据审计结果出具恰当的审计报告。

一、风险识别和评估的概念

风险识别和评估,是指注册会计师通过实施风险评估程序,识别财务报表层次和认定层次的重大错报风险,并对重大错报发生的可能性和后果的严重程度进行评估。

二、风险评估程序

为了解被审计单位及其环境而实施的程序称为"风险评估程序"。

注册会计师了解被审计单位及其环境,目的是识别和评估财务报表重大错报风险。注册会计师了解被审计单位及其环境是必要程序;了解被审计单位及其环境需要贯穿整个审计过程的始终;注册会计师的了解程度,低于管理层需要了解的程度。

注册会计师应当实施下列风险评估程序,以了解被审计单位及其环境:

(1)询问管理层和被审计单位内部其他人员;(2)分析程序;(3)观察;(4)检查。

1.询问管理层和被审计单位内部其他人员

注册会计师可以考虑向管理层和财务负责人询问下列事项:

(1)管理层所关注的主要问题(如新的竞争对手、主要客户和供应商的流失、新的税收法规的实施以及经营目标或战略的变化等);

(2)被审计单位最近的财务状况、经营成果和现金流量;

(3)可能影响财务报告的交易和事项,或者目前发生的重大会计处理问题(如重大并购事宜等);

(4)被审计单位发生的其他重要变化(如所有权结构、组织结构的变化,以及内部控制的变化等)。

注册会计师也可以通过询问被审计单位内部其他人员获取信息。

(1)询问治理层:了解编制财务报表的环境;

（2）询问内部审计人员：针对被审计单位内部控制设计和运行有效性方面实施的内部审计程序，以及管理层采取的改进措施；

（3）询问参与生成、处理或记录复杂或异常交易的员工：评价被审计单位选择和运用相关会计政策的恰当性；

（4）询问内部法律顾问：了解有关诉讼、遵守法律法规、影响被审计单位的舞弊或舞弊嫌疑、产品保证、售后责任、与业务合作伙伴的安排（如合营企业）和合同条款的含义等信息；

（5）询问营销或销售人员：了解被审计单位营销策略的变化、销售趋势或与客户的合同安排等。

【案例7-1】 注册会计师小张在对 ABC 公司进行 2019 年年报审计过程中，通过询问程序获取以下信息。

（1）从管理层获悉，由于光伏太阳能行业受国内产能过剩、国际"双反"调查等多重影响，行业一直处于严冬期，被审计单位 2019 年发生重大战略调整，进军超导行业。为快速进入该行业，被审计单位收购了上海一家超导技术公司。2019 年度，被审计单位还参股甲、乙两家公司，持股比例分别为 15％、9％，并分别派出了一名董事。被审计单位的主要竞争对手，在多晶硅项目上获得重大技术突破，产品性能大幅提升；被审计单位的主要客户丙公司，与被审计单位有大宗的产品赊购业务，但是据了解，该客户利用国家政策漏洞，存在"虚申报实圈钱"的嫌疑。被审计单位限于产能不足，大量的零部件是由外协单位提供，但是外协单位存在供货周期不稳定、供货质量难以保证等问题。

（2）从财务人员处获悉，被审计单位负责所得税业务的财务人员已经离职 4 个月，一直未有合适人选。被审计单位存在存货跌价、亏损、坏账、超标的广告费等情况。

（3）从治理层获悉，治理层对财务报表的编制并不重视。

（4）从内部审计人员处获悉，被审计单位聘请某会计师事务所为其编制了内部控制手册，但该公司尚未对员工进行集体培训学习。

（5）从法律顾问处获悉，被审计单位 2018 年发生重大诉讼 3 项。

（6）从销售人员处获悉，被审计单位的主要产品磁流体的销售退货期为 3 个月。由于受到下游产品多晶硅铸锭炉滞销的影响，磁流体产品也存在滞销的问题。为推广超导产品，被审计单位投入大量的广告费。

要求：分析注册会计师小张通过询问程序识别出的重大错报风险，并说明该风险属于财务报表层次还是认定层次。

2. 实施分析程序

在实施分析程序时,注册会计师应当预期可能存在的合理关系,并与被审计单位记录的金额、依据记录金额计算的比率或趋势相比较;如果发现异常或未预期到的情况,注册会计师应当在识别重大错报风险时考虑这些比较结果。例如,国内多晶硅市场由于受"双反"调查的影响,行业平均毛利率由正常年份的30%降至15%。但被审单位毛利率不降反升,毛利率为35%,大大超出当年行业平均水平。据此判断被审计单位销售与收款循环可能存在重大错报风险。此时就要把审计重点投向销售与收款领域,了解其是否存在高估销售收入或低估销售成本的情况,如果都不存在,则需要获取支持其当年毛利率高于行业平均水平的证据。

【**案例7-2**】 注册会计师小张在对 ABC 公司进行 2019 年年报审计过程中,通过分析程序获取以下信息。

(1)被审计单位的磁流体产品存在滞销的问题,但被审计单位未计提存货跌价准备。主要客户丙公司大额赊销,催收货款时,总以政府补助尚未到位为由,迟迟不付款,但应收账款坏账金额未见大幅增加。2019 年度超导项目研发成功,为实现批量生产,被审计单位投入大量的广告费,但未见销售费用大幅增加。

(2)据光伏行业报告显示,2019 年度原材料硅的价格大幅上涨,但被审计单位的材料采购成本未见明显变化。

(3)被审计单位的收入增长率、成本费用率与往年相比,未见明显变化,借款余额也未见明显变化。

(4)被审计单位的应收账款周转率、存货周转率、毛利率、折旧率均未有明显变化。

(5)被审计单位磁流体产品尚未打开市场,其主要客户是其母公司,从母公司注册会计师处获悉,母公司 2019 年度多晶硅铸锭炉的销量为 1000 台,一台炉子配备 3 个磁流体。而被审计单位 2019 年度的磁流体销量为 10,000 个。

要求:分析注册会计师小张通过分析程序识别出的重大错报风险,并说明该风险属于财务报表层次还是认定层次。

3. 观察

(1)观察被审计单位的经营活动。观察被审计单位人员正在从事的生产活动和内部控制活动,增加注册会计师对被审计单位人员如何进行生产经营活动及实施内部控制的了解。

(2)观察被审计单位的生产经营场所和设备。实地查看被审计单位的生产经营场所和厂房设备,了解被审计单位的主要业务及经营活动,并与被审计单位管理层和担任不同职责的员工进行交流,增强对被审计单位的经营活动及其重大影响因素的了解。

4.检查

(1)检查文件、记录和内部控制手册。检查被审计单位的经营计划、策略、章程与其他单位签订的合同、协议,各业务流程操作指引和内部控制手册等,了解被审计单位组织结构和内部控制制度的建立健全情况。

(2)阅读由管理层和治理层编制的报告。阅读被审计单位年度和中期财务报告,股东大会、董事会会议、高级管理层会议的会议记录或纪要,管理层的讨论和分析资料,对重要经营环节和外部因素的评价,被审计单位内部管理报告,以及其他特殊目的的报告(如新投资项目的可行性分析报告)等,了解自上一期审计结束至本期审计期间被审计单位发生的重大事项。

进行风险评估时,注册会计师还要考虑其他信息来源。例如,询问被审计单位聘请的外部法律顾问、专业评估师、投资顾问和财务顾问;阅读证券分析师、银行、评级机构出具的相关报告、财经法规、统计数据等外部信息;初步业务活动时获取的信息;提供其他相关服务时获取的信息及以前审计时获取的信息(需考虑是否发生变化)。

三、了解被审计单位及其环境的内容

注册会计师应当从下列方面了解被审计单位及其环境:(1)相关行业状况、法律环境和监管环境及其他外部因素;(2)被审计单位的性质;(3)被审计单位对会计政策的选择和运用;(4)被审计单位的目标、战略以及可能导致重大错报风险的相关经营风险;(5)对被审计单位财务业绩的衡量和评价;(6)被审计单位的内部控制。

(一)相关行业状况、法律环境和监管环境及其他外部因素

表 7-1　行业状况、法律环境和监管环境及其他外部因素表

因素	内容
行业状况	(1)所处行业的市场与竞争,包括市场需求、生产能力和价格竞争 (2)生产经营的季节性和周期性 (3)与被审计单位产品相关的生产技术 (4)能源供应与成本 (5)行业的关键指标和统计数据

续　表

因素	内容
法律环境与监管环境	(1)会计原则和行业特定惯例 (2)受管制行业的法规框架 (3)对被审计单位经营活动产生重大影响的法律法规,包括直接的监管活动 (4)税收政策(关于企业所得税和其他税种的政策) (5)目前对被审计单位开展经营活动产生影响的政府政策,如货币政策(包括外汇管制)、财政政策、财政刺激措施(如政府援助项目)、关税或贸易限制政策等 (6)影响行业和被审计单位经营活动的环保要求
其他外部因素	(1)总体经济情况 (2)利率 (3)融资的可获得性 (4)通货膨胀水平或币值变动

注册会计师应考虑将了解的重点放在对被审计单位的经营活动可能产生重要影响的关键外部因素及与前期相比发生的重大变化上。例如,从事计算机要件制造的被审计单位,注册会计师可能更关心市场和竞争及技术进步的情况;对于金融机构,注册会计师可能更关心宏观经济走势以及货币、财政等方面的政策;对于化工等产生污染的行业,注册会计师可能更关心相关环保法规。

【案例 7-3】　甲公司为衢州某民营水利发电站,注册会计师小张在对甲公司进行 2018 年年报审计时,通过了解被审计单位及其环境,获取以下了信息。

(1)水电是清洁能源,在地球传统能源日益紧张的情况下,世界各国普遍优先开发水电、大力利用水能资源。我国水利发电技术水平落后,但水力资源开发潜力巨大。近年来,由于全国性缺电严重,加上各种政策的优惠,民企投资小水电如雨后春笋,悄然兴起。浙江是我国能源资源最紧缺的省份之一,一次能源消费量的 95% 以上靠外省调入,煤炭自给率仅3%,电力供求矛盾十分突出。

根据气象局的统计数据,浙江衢州地区,每年降雨量较多的月份为6—8 月份,2018 年 12 月比往年降雨量多七成。根据衢州市电力局营销部提供的城区电站上网电价,衢州市近年来上网电价稳定。

(2)新收入准则和政府补助准则的颁布,被审计单位按新准则实施。2018 年营改增变化非常大。

被审计单位新建大楼目前拟出售,但该大楼系违章建筑,可能面临被拆除的风险。

被审计单位还需要经常配合政府部门搞市区的形象工程,比如,为了抬高上游水位,美化市区环境,被审计单位不得拉闸放水发电。

(3)被审计单位预期明年实现IPO,为了减负增效,精简组织机构,辞退了15名员工。

要求:分析注册会计师小张通过了解被审计单位及其环境识别出的重大错报风险,并说明该风险属于财务报表层次还是认定层次。

(二)被审计单位的性质

注册会计师了解被审计单位的性质应包括但不限于以下几个方面。(见表7-2)

表7-2 被审计单位性质表

因素	内容
所有权结构	(1)了解被审计单位识别关联方的程序,获取被审计单位提供的所有关联方信息 (2)考虑关联方关系是否已经得到识别,关联方交易是否得到恰当记录和充分披露
治理结构	(1)董事会的构成情况,董事会内部是否有独立董事 (2)治理结构中是否设有审计委员会或监事会及其运行情况 (3)治理层是否能够在独立于管理层的情况下对被审计单位事务(包括财务报表)做出客观判断
组织结构	复杂的组织结构可能导致重大错报风险,如识别包括财务报表合并、商誉减值以及长期股权投资核算等方面可能导致的重大错报风险
经营活动	(1)主营业务的性质 (2)与生产产品或提供劳务相关的市场信息。例如,主要客户和合同、付款条件、利润率、市场份额、竞争者、出口、定价政策、产品声誉、质量保证、营销策略和目标等(比如导致存货、营业收入高估风险) (3)业务的开展情况。例如,业务分部的设立情况、产品和服务的交付、衰退或扩展的经营活动的详情等 (4)联盟、合营与外包情况 (5)从事电子商务的情况。例如,是否通过互联网销售产品和提供服务以及从事营销活动 (6)地区分布与行业细分 (7)生产设施、仓库和办公室的地理位置,存货存放地点和数量(比如导致存货高估风险) (8)关键客户。例如,销售对象是少量的大客户还是众多的小客户;是否有被审计单位高度依赖的特定客户(如超过销售总额10%的顾客);是否

因素	内容
经营活动	有造成高回收性风险的若干客户或客户类别（如正处在一个衰退市场中的客户）；是否与某些客户订立了不寻常的销售条款或条件（比如导致营业收入高估风险） (9)货物和服务的重要供应商。例如，是否签订长期供应合同、原材料供应的可靠性和稳定性、付款条件，以及原材料是否受重大价格变动的影响（比如导致存货高估风险） (10)劳动用工安排。例如，分地区用工情况、劳动力供应情况、工薪水平、退休金和其他福利、股权激励或其他奖金安排以及与劳动用工事项相关的政府法规（比如导致应付职工薪酬的低估风险） (11)研究与开发活动及其支出 (12)关联方交易。例如，有些客户或供应商是否为关联方，对关联方和非关联方是否采用不同的销售和采购条款。此外，还存在哪些关联方交易，对这些交易采用怎样的定价政策（比如导致营业收入高估风险）
筹资活动	(1)债务结构和相关条款，包括资产负债表外融资和租赁安排。例如，获得的信贷额度是否满足营运需要；得到的融资条件及利率是否与竞争对手相似，如不相似，原因何在；是否存在违反借款合同中限制性条款的情况；是否承受重大的汇率与利率风险（披露风险） (2)主要子公司和联营企业（无论是否处于合并范围内）的重要融资安排 (3)实际受益方及关联方。例如，实际受益方是国内的还是国外的，其商业声誉和经验可能对被审计单位产生的影响 (4)衍生金融工具的使用。例如，衍生金融工具是用于交易目的还是套期目的，以及运用的种类、范围和交易对手等
投资活动	(1)近期拟实施或已实施的并购活动与资产处置情况，包括业务重组或某些业务的终止。注册会计师应当了解并购活动如何与被审计单位目前的经营业务相协调，并考虑它们是否会引发进一步的经营风险 (2)证券投资、委托贷款的发生与处置（比如导致资产减值风险） (3)资本性投资活动，包括固定资产和无形资产投资，近期或计划发生的变动，以及重大的资本承诺等 (4)不纳入合并范围的投资。例如，联营、合营或其他投资，包括近期计划的投资项目
财务报告	(1)会计政策和行业特定惯例，包括特定行业的重要活动（如银行业的贷款和投资、医药行业的研究与开发活动） (2)收入确认惯例 (3)公允价值会计核算 (4)外币资产、负债与交易 (5)异常或复杂交易（包括在有争议的或新兴领域的交易）的会计处理（如对股份支付的会计处理）

【案例 7-4】 注册会计师小张在对甲公司进行 2019 年年报审计时，通过了解被审计单位及其环境，获取以下了信息。

(1)甲公司下属有 22 家子公司及分公司，甲公司的控股股东为浙江省海港投资运营集团有限公司，持股比例 85%。

(2)甲公司 2015 年度外购丁公司，商誉 100 万元，但丁公司连年亏损。此外，甲公司与丁公司还存在内部交易，数额重大。

(3)甲公司的人力资源分公司，主要为集团内各公司提供人力资源服务，该分公司 2017—2019 年的业务收入分别为 1,257 万元、1,315 万元、2,582 万元，其中，2019 年收入主要来源于集团外的戊公司，占营收的 45%。

(4)甲公司 2019 并购了乙公司，购买日乙公司的净资产公允价值为 700 万元，甲公司支付合并对价 1,000 万元。其中，乙公司有一项待申报的专利技术，评估价值 200 万元。

(5)甲公司 2020 年 2 月 8 日有一项长期借款合同到期，金额 100,000 万元。甲公司预期现金流无法偿还，且该借款无法展期。

(6)海港集团应收甲公司货款 1000 万元，甲公司已逾期一年未偿还。海港集团与甲公司进行债务重组，豁免 500 万元债务，其余债务于 2020 年清偿。甲公司确认营业外收入 500 万元。

要求：分析注册会计师小张通过了解被审计单位及其环境识别出的重大错报风险，并说明该风险属于财务报表层次还是认定层次。

(三)被审计单位对会计政策的选择和运用

注册会计师了解被审计单位对会计政策的选择和运用应包括但不限于以下几个方面。(见表 7-3)

表 7-3 被审计单位对会计政策的选择和运用表

因素	示例
重大和异常交易的会计处理方法	企业合并的会计处理方法
在缺乏权威性标准或共识、有争议的或新兴领域采用重要会计政策产生的影响	互联网收入的确认
会计政策的变更	投资性房地产后续计量由成本模式转为公允价值模式，变更的原因及合理性，报表附注披露情况
新颁布的财务报告准则、法律法规，以及被审计单位何时采用、如何采用这些规定	2019 年 1 月 1 日起执行《企业会计准则第 21 号——租赁》

(四)被审计单位的目标、战略以及可能导致重大错报风险的相关经营风险

目标是企业经营活动的指南。战略是管理层为实现经营目标采用的方法。经营风险是指可能对被审计单位实现目标和实施战略的能力产生不利影响的重要状况、事项、情况、作为(或不作为)所导致的风险,或制定不恰当的目标和战略而导致的风险。经营风险可能导致重大错报的举例如表 7-4 所示。

表 7-4　被审计单位的目标、战略以及可能导致重大错报风险的相关经营风险表

导致风险	潜在的相关经营风险示例
行业发展	被审计单位不具备足以应对行业变化的人力资源和业务专长
开发新产品或提供新服务	被审计单位产品责任增加
业务扩张	被审计单位对市场需求的估计不准确
新的会计要求	被审计单位不当执行相关会计要求,或会计处理成本增加
监管要求	被审计单位法律责任增加
本期及未来的融资条件	被审计单位由于无法满足融资条件而失去融资机会
信息技术的运用	被审计单位信息系统与业务流程难以融合
实施战略的影响,特别是由此产生的需要运用新的会计要求的影响	被审计单位执行新要求不当或不完整

(五)对被审计单位财务业绩的衡量和评价

被审计单位管理层经常会衡量和评价关键业绩指标(包括财务的和非财务的)、预算及其差异情况,通过分析分部信息和分支机构、部门或其他层次的业绩报告,与竞争对手的业绩进行比较。此外,外部机构也会衡量和评价被审计单位的财务业绩,如分析师的报告和信用评级机构的报告。

表 7-5　被审计单位财务业绩的衡量和评价表

因素	示例
内部业绩衡量与评价	(1)关键业绩指标(财务或非财务的)、关键比率、趋势和经营统计数据 (2)同期财务业绩比较分析 (3)预算、预测、差异分析,分部信息与分部、部门或其他不同层次的业绩报告 (4)员工业绩考核与激励性报酬政策 (5)被审计单位与竞争对手的业绩比较

续　表

因素	示例
外部业绩衡量与评价	(1)证券分析师的报告 (2)信用评级机构的报告
管理层如何进行财务业绩衡量与评价	由谁执行及执行的频率;管理层制订的财务业绩预算合理性;对什么样的差异进行调查及采取的纠正措施

第二节　了解内部控制

一、内部控制的含义和要素

内部控制是被审计单位为了合理保证财务报告的可靠性、经营的效率和效果以及对法律法规的遵守,由治理层、管理层和其他人员设计和执行的政策及程序。

内部控制的目标是合理保证:(1)财务报告的可靠性,这一目标与管理层履行财务报告编制责任密切相关;(2)经营的效率和效果,即经济有效地使用企业资源,以最优方式实现企业目标;(3)遵守适用的法律法规的要求,即在法律法规的框架下从事经营活动。

设计和实施内部控制的责任主体是治理层、管理层和其他人员,组织中的每一个人都对内部控制负有责任。

内部控制包括下列要素:(1)控制环境;(2)风险评估过程;(3)与财务报告相关的信息系统和沟通;(4)控制活动;(5)对控制的监督。

【案例7-5】 自2008年浙江卫视改版以来,其收视率从全国卫视的第九名迅速成为全国省级卫视第一名,并一直保持着这个好成绩。原来,浙江卫视通过以下措施成功实现了"自我提升"。

(1)确立频道品牌标志"中国蓝";

(2)以企业品牌理念进行经营,与江苏洋河酒厂高端白酒品牌"蓝色经典"达成战略合作伙伴关系;

(3)不墨守成规、僵硬固化,而是"敢闯敢干",对收视市场有着敏锐嗅觉,针对不同的群体,积极推出新的节目,如《我爱记歌词》《中国梦想秀》《奔跑吧兄弟》《王牌对王牌》等。

要求:注册会计师应了解浙江卫视内部控制的哪些方面?

二、对内部控制了解的深度

1.了解内部控制的含义

了解内部控制,是指评价控制的设计,并确定其是否得到执行。

评价控制的设计涉及考虑该控制单独或连同其他控制,是否能够有效防止或发现并纠正重大错报。

控制是否得到执行是指某项控制存在且被审计单位正在使用。

2.了解内部控制的程序

注册会计师通常实施下列风险评估程序,以获取有关控制设计和执行的审计证据:

(1)询问被审计单位人员;(2)观察特定控制的运用;(3)检查文件和报告;(4)追踪交易在财务报告信息系统中的处理过程(穿行测试)。

小 贴 士

(1)了解被审计单位及其环境(不包括了解内部控制)的风险评估程序。风险评估程序主要包括:询问管理层和被审计单位内部其他人员、分析程序、观察和检查。了解内部控制的风险评估程序不包括分析程序,分析程序是通过分析不同财务数据之间以及财务数据与非财务数据之间的内在关系,从而对财务信息作出评价。了解内部控制的目的是评价控制的设计并确认控制是否正在执行,不涉及评价财务信息。

(2)了解内部控制不同于控制测试。了解内部控制包含评价内部控制的设计并确定控制是否正在运行。控制测试是确认控制运行是否有效的审计程序,即被审计单位所实施的内部控制能否防止或发现并纠正财务报表重大错报。除非存在某些可以使控制得到一贯运行的自动化控制,否则注册会计师对控制的了解并不足以测试控制运行的有效性。

3.了解内部控制的内容

注册会计师应在整体层面和业务流程层面了解内部控制,具体见表7-6所示。

内部控制的某些要素(如控制环境)会对被审计单位整体层面产生影响,而其他要素(如信息系统与沟通,控制活动)则与特定业务流程相关。在实务中,注册会计师应当从被审计单位整体层面和业务流程层面分别了解和评价被审计单位的内部控制。

表 7-6 了解内部控制的内容表

层面	要点
整体层面	(1)主要与控制环境相关 (2)与被审计单位整体相关 (3)考虑舞弊和管理层凌驾于内部控制之上的风险 (4)信息系统的一般控制 (5)财务报告流程的控制
业务流程层面	(1)与业务流程和认定相关 (2)信息系统的应用控制 (3)控制活动

第三节 评估重大错报风险

一、识别与评估重大错报风险的思路

1.在了解审计单位及其环境的整个过程中识别风险

在了解被审计单位及其环境的整个过程中,结合对财务报表中各类交易、账户余额和披露的考虑识别风险。例如,被审计单位执行新颁布的企业会计准则,以及行业市场竞争激烈使产品的市场价格下降,都预示着重大错报风险的存在。

2.识别两个层次的重大错报风险

确定识别的重大错报风险是与特定的某类交易、账户余额和披露的认定相关(认定层次),还是与财务报表整体广泛相关,进而影响多项认定(报表层次)。两个层次的重大错报风险的特点和情形详见表 7-7。

表 7-7 重大错报风险的特点和情形表

层次	特点	情形
财务报表层次	与财报整体广泛相关,影响多项认定	(1)重大经营风险 (2)薄弱的控制环境 (3)频繁更换关键岗位人员 (4)信息技术一般控制缺陷 (5)管理层凌驾于内部控制之上 (6)舞弊风险 (7)持续经营能力的重大疑虑

续　表

层次	特点	情形
认定层次	与特定的交易、账户余额和披露相关	(1)开发新产品或提供新服务,或进入新的业务领域 (2)开辟新的经营场所 (3)重大收购、重组或其他非经常性事项 (4)拟出售分支机构或业务分部 (5)存在复杂的联营或合资 (6)运用表外融资、特殊目的实体以及其他复杂的融资协议 (7)存在重大的关联方交易

二、特别风险

特别风险,指注册会计师识别和评估的、根据判断认为需要特别考虑的重大错报风险。

确定特别风险时需要考虑的因素:(1)风险是否属于舞弊风险;(2)风险是否与近期经济环境、会计处理方法和其他方面的重大变化有关;(3)交易的复杂程度;(4)风险是否涉及重大的关联方交易;(5)财务信息计量的主观程度,特别是计量结果是否具有高度不确定性;(6)风险是否涉及异常或超出正常经营过程的重大交易。

⬤小⬤贴⬤士

在判断哪些风险是特别风险时,注册会计师不应考虑识别出的控制对相关风险的抵销效果。

📝复习题

一、判断题

(　　)1. 注册会计师应当根据对认定层次重大错报风险的评估结果,恰当选用实质性方案或综合性方案。

(　　)2. 风险评估程序足以为发表审计意见提供充分、适当的审计证据。

(　　)3. 在了解甲公司的内部控制时,注册会计师应当关注甲公司对控制的监督。

(　　)4. 虽然注册会计师在了解被审计单位的过程中需要实施所有风险评估程序,但无须在了解每个方面都实施风险评估程序。

(　　)5. 在了解与审计相关的控制时,注册会计师应当综合运用询问被审计单位内部人员和其他程序,以评价这些控制的设计,并确定其是否得到执行。

(　　)6.注册会计师审计的目标是对财务报表是否不存在重大错报发表审计意见,因此注册会计师需要了解和评价被审计单位所有的内部控制。

(　　)7.注册会计师只能从被审计单位内部获取信息来了解被审计单位及其环境。

(　　)8.当被审计单位规模不大时,没有必要了解被审计单位的内部控制。

(　　)9.审计人员在编制审计计划时,应当研究与评价被审计单位的内部控制。

(　　)10.审计人员可选择若干具有代表性的交易和事项进行穿行测试,穿行测试的困难在于肯定企业的实际业务也是按此内部控制规定运行。

二、单选题

1.注册会计师了解被审计单位及其环境的目的是(　　)。

A.为了进行风险评估程序

B.搜集充分适当的审计证据

C.为了识别和评估财务报表重大错报风险

D.控制检查风险

2.下列需要了解的被审计单位及其环境的内容中,既属于内部因素又属于外部因素的是(　　)。

A.相关行业状况、法律环境与监管环境以及其他外部因素

B.被审计单位对会计政策的选择和运用

C.对被审计单位财务业绩的衡量与评价

D.被审计单位的内部控制

3.下列各项中,与丙公司财务报表层次重大错报风险评估最相关的是(　　)。

A.丙公司应收账款周转率呈明显下降趋势

B.丙公司持有大量高价值且易被盗窃的资产

C.丙公司的生产成本计算过程相当复杂

D.丙公司控制环境薄弱

4.下列需要了解被审计单位及其环境的内容中,既属于内部因素又属于外部因素的是(　　)。

A.相关行业、法律环境与监管环境及其他外部因素

B.被审计单位对会计政策的选择和运用

C.对被审计单位财务业绩的衡量和评价

D.被审计单位的内部控制

5.A注册会计师负责审计甲公司2019年度财务报表。如果评估的财务报表层次重大错报风险为高水平,则注册会计师拟实施的总体审计方案更倾向

于采用（　　）。

A. 综合性方案

B. 实质性方案

C. 仅通过实现程序无法应对的审计方案

D. 以控制测试为主的审计方案

6. 进一步审计程序是相对于风险评估程序而言的，是指注册会计师针对评估的各类交易、账户余额和披露认定层次重大错报风险实施的审计程序，包括（　　）。

A. 控制测试和实质性程序　　　　B. 风险评估程序和控制测试

C. 风险评估程序和实质性程序　　D. 风险评估程序和分析程序

7. 在每次审计中，无论被审计单位规模大小，注册会计师首先必须实施（　　）了解被审计单位及其环境（包括内部控制），以评估重大错报风险。这是审计的起点，是必须实施的程序。

A. 风险评估程序　　　　　　　　B. 控制测试

C. 实质性程序　　　　　　　　　D. 双重目的测试

8. 下列不属于风险评估程序的是（　　）。

A. 监盘存货　　　　　　　　　　B. 询问管理层

C. 观察控制活动　　　　　　　　D. 检查销售合同

9. 下列审计程序中，注册会计师在了解被审计单位内部控制时通常不采用的是（　　）。

A. 询问　　　　　　　　　　　　B. 观察

C. 分析程序　　　　　　　　　　D. 检查

10. 下列各项中，属于认定层次重大错报风险的是（　　）。

A. 被审计单位治理层和管理层不重视内部控制

B. 被审计单位管理层凌驾于内部控制之上

C. 被审计单位大额应收账款可收回性具有高度不确定性

D. 被审计单位所处行业进入严重衰退期

三、多选题

1. 下列各项程序中，通常用作风险评估程序的有（　　）。

A. 检查　　　　　　　　　　　　B. 重新执行

C. 观察　　　　　　　　　　　　D. 分析程序

2. 在了解被审计单位及其环境时，注册会计师可能实施的风险评估程序有（　　）。

A. 检查文件、记录和内部控制手册

B. 重新执行内部控制

C. 询问被审计单位管理层和内部其他人员

D. 实地察看被审计单位生产经营场所和设备

3. 注册会计师对相关行业状况、法律环境与监管环境以及其他外部因素了解的范围和程度会因被审计单位所处行业、规模以及其他因素的不同而不同。以下关于了解重点的说法中正确的有( )。

A. 对化工等产生污染的行业,注册会计师可能更关心相关环保法规

B. 对从事计算机硬件制造的被审计单位,注册会计师可能更关心市场和竞争及技术进步的情况

C. 对金融机构更加关心宏观经济走势及货币、财政等方面的宏观经济政策

D. 对建筑行业要更加关心其长期合同涉及的收入与成本的重大估计是否恰当

4. 在了解被审计单位及其环境时,注册会计师可能实施的风险评估程序有( )。

A. 询问被审计单位管理层和内部其他人员

B. 实地查看被审计单位生产经营场所和设备

C. 检查文件、记录和内部控制手册

D. 重新执行内部控制

5. 内部控制包括的要素有( )。

A. 控制环境　　　　　　　B. 风险评估过程

C. 控制活动　　　　　　　D. 信息系统与沟通

6. 对于重要的内部控制,审计人员通常实施的程序有( )。

A. 询问被审计单位有关人员

B. 查阅相关内部控制文件

C. 检查内部控制生成的文件和记录

D. 观察被审计单位的业务活动和内部控制的运行情况

7. 报表层次的重大错报风险很可能源于薄弱的控制环境。下列表明控制环境薄弱,可能对财务报表产生广泛影响的情形有( )。

A. 被审计单位管理层不重视内部控制,没有建立必要的政策和程序

B. 管理层缺乏诚信

C. 市场竞争激烈导致产品的市场价格下降

D. 按照管理层特定意图进行投资性房地产与固定资产的分类

8. 在识别和了解被审计单位内部控制后,注册会计师对控制的初步评价结论可能是( )。

A. 控制设计合理,并得到执行

B. 控制设计合理,但没有得到执行

C. 控制设计无效或缺乏必要的控制

D. 控制有效运行

9. 以下关于评估重大错报风险的说法中正确的有(　　)。

A. 注册会计师应当在了解被审计单位及其环境的整个过程中识别风险

B. 在评估重大错报风险时,注册会计师无须考虑内部控制的影响

C. 注册会计师应当确定识别的重大错报风险是与财务报表整体相关,进而
影响多项认定,还是与特定的各类交易、账户余额和披露的认定相关

D. 注册会计师应当将已识别风险与认定层次可能发生错报的领域相联系

10. 下列重大错报风险中与特定的某类交易、账户余额和披露的认定相关的有
(　　)。

A. 被审计单位存在复杂的联营或合资

B. 被审计单位存在重大的关联方交易

C. 被审计单位管理层缺乏诚信

D. 被审计单位承受异常的压力

四、案例分析题

1. ABC 会计师事务所接受委托,负责审计甲上市公司 2019 年年度财务报表,
并委派 A 注册会计师担任审计项目合伙人。在制订审计计划时,A 注册会
计师根据其审计甲公司的多年经验,认为甲公司 2019 年年度财务报表不存
在重大错报风险,应当直接实施进一步审计程序。

要求:针对上述情形,指出存在哪些可能违反审计准则和质量控制准则的情
况,并简要说明理由。

2. ABC 会计师事务所负责审计甲公司 2019 年年度财务报表,审计项目组确定
财务报表整体的重要性为 100 万元,明显微小错报的临界值为 5 万元,审计
工作底稿中部分内容摘录如下:

(1)为应对应收账款项目计价和分摊认定的重大错报风险,注册会计师决定
全部用积极的方式函证,同时扩大函证程序的范围。

(2)甲公司应付账款年末余额为 550 万元,审计项目组认为应付账款存在低
估风险,选取了年末余额合计为 480 万元的两家主要供应商实施函证,未发
现差异。

(3)审计项目组成员跟随甲公司出纳到乙银行实施函证,出纳到柜台办理相
关事宜,审计项目组成员在等候区等候。

(4)客户丙公司年末应收账款余额 100 万元,回函金额 90 万元,因差异金额

高于明显微小错报的界值,审计项目组据此提出了审计调整建议。

(5)针对特别风险的项目,注册会计师认为不需要了解内部控制,只需直接实施实质性程序。

(6)由于甲公司在信用审批环节缺乏相关的内部控制,注册会计师决定不对该环节实施控制测试。

(7)注册会计师评估的存货计价认定相关控制的有效性较高,在设计进一步审计程序时,决定相应缩小控制测试的范围。

(8)甲公司利用高度自动化系统开具销售发票。注册会计师于2019年7月确认系统的一般控制有效,并确认了该系统正在运行后,得出系统在2019年度有效运行的结论。

要求:针对上述事项,逐项指出审计项目组的做法是否恰当。如不恰当,简要说明理由。

第八章
风险应对

学 习 目 标

学完本章,你应该能够:

- 理解重大错报风险应对框架;
- 理解增加审计程序的不可预见性的方法;
- 掌握控制测试;
- 掌握实质性程序。

导 入 案 例

如何应对识别的重大错报风险

ABC 公司主要从事小型医疗设备的生产和销售,产品主要通过经销商销往药店。注册会计师审计 ABC 公司 2019 年年度财务报表,实施风险评估程序,了解 ABC 公司及其环境时注意到以下情况。

情况 1:2019 年 12 月,甲公司从银行取得长期借款用于新生产线建设。12 月 30 日,银行发现甲公司未按照规定用途使用借款,将长期借款用于偿还到期债务,当日决定停止向甲公司发放剩余借款,并要求其偿还已经发放的长期借款本金。

情况 2:由于市场不景气,ABC 公司的重大客户 T 公司当前陷入财务困境,所欠 ABC 公司的大额款项可能无法偿还。

思考:针对识别出的重大错报风险,注册会计师应如何应对?

第一节　总体应对措施和进一步审计程序

风险应对就是针对评估的重大错报风险实施程序,即针对评估的财务报表层次重大错报风险确定总体应对措施,并针对评估的认定层次重大错报风险设计和实施进一步审计程序,以将审计风险降低至可接受的低水平。

一、总体应对措施

注册会计师应当针对评估的财务报表层次重大错报风险确定下列总体应对措施。

(1)向审计项目组强调保持职业怀疑的必要性。

(2)分派更有经验或具有特殊技能的审计人员,或利用专家工作。

(3)提供更多的督导。

(4)在选择进一步审计程序时融入更多的不可预见的因素。

在实务中,注册会计师可以通过以下方式提高审计程序的不可预见性:①对某些未测试过的低于重要性水平或风险较小的账户余额和认定实施实质性程序;②调整实施审计程序的时间,使其超出被审计单位的预期;③采取不同的审计抽样方法,使当期抽取的测试样本与以前有所不同;④选取不同的地点实施审计程序,或预先不告知被审计单位所选定的测试地点。

例如,注册会计师小张在审计甲公司过程中,为增加审计程序的不可预见性,采取了以下措施:

措施1:在存货项目审计过程中,询问对象增加了生产人员和仓管人员(向以前没有询问过的被审计单位员工询问);在存货监盘时,增加了以往不曾监盘的存货。

措施2:在对销售收入和销售退回进行截止测试时,以往是根据资产负债表日前后10日进行截止测试,现改为资产负债表日前后20日进行截止测试(延长截止测试期间)。

措施3:在对应付账款进行审计时,改变函证样本选取的抽样方法。

措施4:对以前通常不测试的金额较小的项目(如应收账款、应付账款等)实施实质性程序。

(5)对拟实施审计程序的性质、时间安排或范围做出总体修改。财务报表层次的重大错报风险很可能源于薄弱的控制环境。如果控制环境存在缺陷,注册会计师在对拟实施审计程序的性质、时间安排和范围做出总体修改时应当考虑:①通过实施实质性程序获取更广泛的审计证据;②在期末而非期中实施更多的审计程序;③增加拟纳入审计范围的经营地点的数量。

二、总体应对措施对进一步审计程序总体方案的影响

注册会计师首先需要拟订恰当的进一步审计程序的总体方案,即考虑控

制测试与实质性程序如何组合。注册会计师结合被审计单位的具体情况选择拟订进一步审计程序总体方案。

拟实施进一步审计程序的总体审计方案包括实质性方案和综合性方案。其中,实质性方案是指注册会计师实施的进一步审计程序以实质性程序为主;综合性方案是指注册会计师在实施进一步审计程序时,将控制测试与实质性程序结合使用。当评估的财务报表层次重大错报风险属于高风险水平(并相应采取更强调审计程序不可预见性以及重视调整审计程序的性质、时间安排和范围等总体应对措施)时,拟实施进一步审计程序的总体方案往往更倾向于实质性方案。

三、进一步审计程序

(一)进一步审计程序的含义

进一步审计程序是相对于风险评估程序而言,是指注册会计师针对评估的各类交易、账户余额和披露认定层次重大错报风险实施的审计程序,包括控制测试和实质性程序。

注册会计师应当针对评估的认定层次重大错报风险设计和实施进一步审计程序,包括审计程序的性质、时间安排和范围。

在设计进一步审计程序时,注册会计师应当考虑下列因素:(1)风险的重要性,即风险造成的后果的严重程度;(2)重大错报发生的可能性;(3)涉及的各类交易、账户余额和披露的特征;(4)采用的特定控制的性质;(5)是否拟获取审计证据。以确定内部控制在防止或发现并纠正重大错报方面的有效性。

(二)进一步审计程序的性质

进一步审计程序的性质是指进一步审计程序的目的和类型。进一步审计程序的目的包括通过实施控制测试以确定内部控制运行的有效性,通过实施实质性程序以发现认定层次的重大错报风险;进一步审计程序的类型包括检查、观察、询问、函证、重新计算、重新执行和分析程序。

不同的审计程序应对特定认定错报风险的效力不同;在确定进一步审计程序的性质时,注册会计师首先需要考虑的是认定层次重大错报风险的评估结果;此外,注册会计师还要考虑认定层次重大错报风险产生的原因,包括考虑各类交易、账户余额和披露的具体特征及内部控制。

(三)进一步审计程序的时间

进一步审计程序的时间,是指注册会计师何时实施进一步审计程序,或审计证据适用的期间或时点。

　　注册会计师应当考虑下列因素:(1)控制环境。良好的控制环境可以抵销在期中实施进一步审计程序的一些局限性。(2)何时能得到相关信息。例如,某些控制活动仅能在期中(或期中以前)发生,而之后可能难以再被观察到。再如,某些电子化的交易和账户文档如未能及时取得,可能被覆盖。(3)错报风险的性质。例如,被审计单位可能为了保证盈利目标的实现,而在会计期末以后伪造销售合同以虚增收入,此时注册会计师需要考虑在期末(即资产负债表日)这个特定时点获取被审计单位截至期末所能提供的所有销售合同及相关资料,以防范被审计单位在资产负债表日后伪造销售合同虚增收入的做法。(4)审计证据适用的期间或时点。例如,为了获取资产负债表日的存货余额证据,不宜在与资产负债表日间隔过长的期中时点或期末以后时点实施存货监盘等相关审计程序。

(四)进一步审计程序的范围

　　进一步审计程序的范围,是指实施进一步审计程序的数量,包括抽取的样本量、选取的监盘地点数量、对某项控制活动的观察次数等。

　　注册会计师应当考虑下列因素:(1)确定的重要性水平。确定的重要性水平越低,注册会计师实施进一步审计程序的范围越广。(2)评估的重大错报风险。评估的重大错报风险越高,对拟获取审计证据的相关性、可靠性要求越高,注册会计师实施的进一步审计程序的范围也越广。(3)计划获取的保证程度。计划获取的保证程度越高,对测试结果可靠性要求越高,注册会计师实施的进一步审计程序的范围越广。

　　【案例8-1】　在注册会计师小张审计甲公司过程中,助理小刘对实质性程序的时间安排理解如下:

　　(1)控制环境和其他相关的控制越薄弱,越不宜在期中实施实质性程序。

　　(2)评估的某项认定的重大错报风险越高,越应当考虑将实质性程序集中在期末或接近期末实施;评估的重大错报风险为低水平,注册会计师可以选择资产负债表日前适当日期为截止日实施函证。

　　(3)在确定何时实施进一步审计程序时需要考虑能够获取相关信息的时间;如果实施实质性程序所需信息在期中之后难以获取,应考虑在期中实施实质性程序。

　　(4)如在期中实施了实质性程序,应针对剩余期间实施控制测试,以将期中测试得出的结论合理延伸至期末。

　　请问:小刘的理解正确吗?

第二节 控制测试

一、控制测试的含义与要求

(一)控制测试的含义

控制测试,是指用于评价内部控制在防止或发现并纠正认定层次重大错报方面运行有效性的审计程序。

控制有效性强调的是控制能够在各个不同时点按照既定设计得以一贯执行。

小贴士

(1)了解内部控制与控制测试的区别。了解内部控制包括评价控制的设计、确定控制是否得到执行。控制测试是确定控制运行是否有效,与确定控制是否得到执行的审计证据是不同的。

(2)穿行测试是运用于了解内部控制的程序,重新执行是运用于控制测试的程序。

(二)控制测试的适用情形

当存在下列情形之一时,应当实施控制测试:(1)在评估认定层次重大错报风险时,预期控制运行有效。(2)仅实施实质性程序不足以提供认定层次充分、适当的审计证据。

二、控制测试的性质

控制测试,是指控制测试所使用的审计程序的类型及其组合。

表 8-1 控制测试使用的程序类型及举例表

程序类型	程序实施	举例
询问	向被审计单位适当员工询问,获取与控制运行情况相关的信息。询问本身并不足以测试控制运行的有效性,需要将询问与其他审计程序结合使用	询问信息系统管理人员有无未经授权接触计算机硬件和软件。向负责复核银行存款余额调节表的人员询问如何进行复核,包括复核的要点是什么,发现不符事项如何处理等

续 表

程序类型	程序实施	举例
观察	测试不留下书面记录的控制(如职责分离、自动化控制)的运行情况的有效方法。观察提供的证据仅限于观察发生的时点,注册会计师需要考虑不在场时可能未执行的情况	观察存货盘点控制的执行情况,观察仓库门禁是否森严,观察空白支票是否妥善保管等
检查	适用于留有书面证据的控制,检查对象包括复核时留下的记号签字标志,以及是否按规定完整实施了该控制	检查销售发票是否有复核人员签字,检查销售发票是否附有客户订购单和出库单等
重新执行	如果需要进行大量的重新执行,注册会计师就要考虑通过实施控制测试以缩小实质性程序的范围是否有效	为了合理保证计价认定的准确性,被审计单位的一项控制是由复核人员核对销售发票上的价格与统一价格单上的价格是否一致。但是,要检查复核人员有没有认真核对,仅检查复核人员是否在相关文件上签字是不够的,注册会计师还需要选取一部分销售发票进行核对

【案例 8-2】 甲公司内部控制手册中对工资费用签发流程的规定如下:月度工资清单由人事经理核算,交由总监签字后才能发放。注册会计师小张抽查了 4 个月的工资清单,发现其中一份清单是由副总监签字的。被审计单位相关人员解释称:当时总监休假,将签字权授予副总监。注册会计师小张认为解释合理,因此确认该项控制运行有效。

请问:注册会计师小张的判断合理吗?

【案例 8-3】 甲公司内部控制要求采购货物的供应商必须在经认证的供应商清单中,若不在供应商清单中,则需要采购经理复核。注册会计师小张抽取订单样本,检查订单中都有采购经理的签字。因此,小张认为该内部控制运行有效。

请问:注册会计师小张的判断合理吗?

二、控制测试的时间安排

(一)控制测试的时间安排的含义

控制测试的时间安排包含两层含义:一是何时实施控制测试;二是测试所

针对的控制测试适用的时点或期间。如果仅需要测试控制在特定时点的运行有效性(如对被审计单位期末存货盘点进行控制测试),注册会计师只需要获取该时点的审计证据。如果需要测试控制在某一期间运行的有效性,仅获取时点的审计证据是不充分的,注册会计师还应当实施其他控制测试,比如测试被审计单位对控制的监督,以获取相关控制在该期间的相关时点运行有效的审计证据。

(二)如何考虑期中审计证据

1.考虑期中审计证据的基本要求

注册会计师在期中实施控制测试具有更积极的作用。即使已获取有关控制在期中运行有效性的审计证据,仍然需要考虑如何能够将这些审计证据合理延伸至期末,从期中至期末这段剩余期间获取充分、适当的审计证据。

2.考虑期中审计证据的决策

如果被审计单位的控制在剩余期间没有发生变化,注册会计师可能决定信赖期中获取的审计证据;如果这些控制在剩余期间发生了变化,注册会计师需要了解并测试控制的变化对期中审计证据的影响。

(三)如何考虑以前审计获取的审计证据

1.考虑以前审计获取的审计证据的基本要求

考虑拟信赖的以前审计中测试的控制在本期是否发生变化,如果拟信赖以前审计获取的有关控制运行有效性的审计证据,注册会计师应当实施询问并结合观察和检查程序,获取这些控制是否已经发生变化的审计证据。

2.考虑以前审计获取的审计证据的决策

如果拟信赖以前审计获取的有关控制运行有效性的审计证据,注册会计师首先应当通过实施询问程序并结合观察或检查程序,来确定这些控制自上次测试后是否已经发生变化。

(1)如果控制在本期发生变化,注册会计师应当考虑以前审计获取的有关控制运行有效性的审计证据是否与本期审计相关。例如,如果系统的变化仅使被审计单位从中获取新的报告,这种变化通常不影响以前审计获取证据的相关性。如果系统的变化引起数据积累或计算发生改变,这种变化可能影响以前审计所获取证据的相关性。如果拟信赖的控制自上次测试后已发生改变,以致影响以前审计所获取证据的相关性,注册会计师应当在本期审计中测试这些控制运行的有效性。

（2）如果控制在本期未发生变化，且不属于旨在减轻特别风险的控制，注册会计师应当运用职业判断确定是否在本期审计中测试其运行有效性，以及本次测试与上次测试的时间间隔，但每三年至少对控制测试一次。注册会计师不应将所有拟信赖控制的测试集中于某一次审计，而在之后的两次审计中不进行任何测试。

（3）对于旨在减少特别风险的控制，不论该控制是否发生变化，注册会计师都不应依赖以前审计获取的证据，而应在本期执行控制测试。

三、控制测试的范围

控制测试的范围，是指某项控制活动的测试次数。

注册会计师在确定控制测试的范围时，主要受对控制初步评价的结果的影响。在了解控制后，如果认为相关控制风险较低，即对控制运行有效性的拟信赖程度较高，则需要更充分、适当的证据来支持这种高信赖，实施控制测试的范围就越大。此外，注册会计师还可能考虑控制执行的频率、拟信赖控制运行有效性的时间长度、控制的预期偏差、测试与认定相关的其他控制获取的证据的范围、拟获取的有关认定层次控制运行有效性的证据的相关性和可靠性等因素。

【案例 8-4】 注册会计师小张审计甲公司 2019 年年度财务报表，由于是连续审计，小张是否可以信赖以下以前年度获取的审计证据？

（1）针对管理层凌驾于内部控制之上的控制测试证据；

（2）针对费用报销的控制测试，以前年度采用人工控制，2019 年度采用计算机控制；

（3）针对付款审批的控制测试，2015 年控制测试有效，2016 年未测试，2017 年控制测试有效，2018 年未测试；

（4）针对采购验收控制测试，2016 年测试有效，2017 年、2018 年未测试。

第三节 实质性程序

一、实质性程序的含义与要求

(一)实质性程序的含义

实质性程序，是指用于发现认定层次重大错报的审计程序，包括对各类交易、账户余额和披露的细节测试以及实质性分析程序。

(二)实质性程序的要求

由于内部控制的固有局限性,无论评估的重大错报风险结果如何,注册会计师都应当针对所有重大类别的交易、账户余额和披露实施实质性程序。

针对特别风险,如果认为评估的认定层次重大错报风险是特别风险,注册会计师应当专门针对该风险实施实质性程序。如果针对特别风险仅实施实质性程序,注册会计师应当使用细节测试,或将细节测试和实质性分析程序结合使用,以获取充分、适当的审计证据。

二、实质性程序的性质

实质性程序的性质,是指实质性程序的类型及其组合,包括以下两个方面。

(一)细节测试

细节测试是对交易、账户余额和披露的具体细节进行测试,目的在于直接识别财务报表认定是否存在重大错报。细节测试的程序类型主要包括检查、询问、观察、函证、重新计算。

细节测试适用于对具体认定的测试,尤其是对存在或发生、准确性、计价和分摊认定的测试。注册会计师需要根据不同的认定层次的重大错报风险设计有针对性的细节测试。例如,在针对存在或发生认定细节测试时,注册会计师应当选择包含在财务报表金额中的项目,并获取相关审计证据。又如,在针对完整性认定设计细节测试时,注册会计师应当选择有证据表明应包含在财务报表金额中的项目,并调查这些项目是否确实包括在内,如为应对被审计单位漏记本期应付账款的风险,注册会计师可以检查期后付款记录。

(二)实质性分析程序

实质性分析程序就是将分析程序用作实质性程序,在技术特征上仍然是分析程序,通常针对在一段时期内存在稳定的预期关系的大量交易,通过研究数据间关系来评价信息,用以识别有关的财务报表认定是否存在重大错报。运用实质性分析程序可以减少细节测试的工作量,节约审计成本。

三、实质性程序的时间安排

通常情况下,注册会计师应在期末或接近期末实施实质性程序,尤其是在评估的重大错报风险较高时。

(一)如何考虑期中审计证据

如果在期中实施了实质性程序,注册会计师应当针对剩余期间实施进一步的实质性程序,或将实质性程序和控制测试结合使用(针对剩余期间仅实施实质性程序获取的审计证据不够充分),以将期中测试得出的结论合理延伸至期末。

针对舞弊导致的重大错报风险,为将期中得出的结论延伸至期末而实施的审计程序通常是无效的,注册会计师应当考虑在期末或者接近期末实施实质性程序。

在期中实施实质性程序,虽然消耗了审计资源,但其获取的审计证据不能直接作为期末财务报表认定的审计证据,注册会计师仍然需要进一步消耗审计资源,因此,期中实施实质性程序要考虑成本效益。

(二)如何考虑以前审计获取的审计证据

在以前审计中实施实质性程序获取的审计证据,通常对本期只有很弱的证据效力或没有证据效力,不足以应对本期的重大错报风险。只有当以前获取的审计证据及其相关事项未发生重大变动时,以前获取的审计证据才可能用作本期的有效审计证据。但是,如果拟利用以前审计中实施实质性程序获取的审计证据,注册会计师应当在本期实施审计程序,以确定这些审计证据是否具有持续相关性。

【案例 8-5】 注册会计师小张审计甲公司 2019 年年度财务报表,由于是连续审计,在 2017 年审计中,甲公司的存货已全额计提跌价准备,因此,小张认为本期无须对该存货实施实质性程序。

请问:注册会计师小张的判断合理吗?

四、实质性程序的范围

确定实质性程序的范围时,注册会计师应当考虑以下因素:(1)评估的认定层次重大错报风险;(2)实施控制测试的结果。

复习题

一、判断题

(　　)1. 一般情况下,若审计人员认为企业与某项认定相关的内部控制不存在或无效,在确定针对认定层次重大错报风险的进一步审计程序时,宜采用综合性方案。

(　　)2. 审计人员在执行财务报表审计业务时,不论被审计单位规模大小,都应当对相关的内部控制进行充分了解。

(　　)3. 当被审计单位面临财务困境时,被审计单位财务报表存在舞弊的可能性就增加了。

(　　)4. 总体应对措施是针对认定层次重大错报风险来实施的。

(　　)5. 了解内部控制是了解控制设计是否合理及是否得到执行,而控制测试是测试控制运行的有效性。

(　　)6. 通常情况下,注册会计师出于成本效益的考虑,进一步审计程序总体方案会选用实质性方案。

(　　)7. 如果针对特别风险仅实施实质性程序,注册会计师应当使用实质性分析程序。

(　　)8. 注册会计师针对评估的报表层次重大错报风险应实施进一步审计程序。

(　　)9. 控制测试是每次审计中必定执行的测试。

(　　)10. 实质性程序只能在期末执行。

二、单选题

1. 下列各项措施中,不能应对财务报表层次重大错报风险的是(　　)。

　A. 在期末而非期中实施更多的审计程序

　B. 扩大控制测试的范围

　C. 增加拟纳入审计范围的经营地点的数量

　D. 增加审计程序的不可预见性

2. 在对资产存在认定获取审计证据时,正确的测试方向是(　　)。

　A. 从财务报表到尚未记录的项目

　B. 从尚未记录的项目到财务报表

　C. 从会计记录到支持性证据

　D. 从支持性证据到会计记录

3.下列关于实质性程序时间安排的说法中,错误的是(　　)。

  A.注册会计师评估的某项认定的重大错报风险越高,越应当考虑将实质性程序集中在期末或接近期末实施

  B.控制环境和其他相关的控制越薄弱,注册会计师越不宜在期中实施实质性程序

  C.如果实施实质性程序所需信息在期中之后难以获取,注册会计师应考虑在期中实施实质性程序

  D.如果在期中实施了实质性程序,注册会计师应当针对剩余期间实施控制测试,以将期中测试得出的结论合理延伸至期末

4.审计人员进行额外的或计划的控制测试的时间,通常安排在(　　)。

  A.资产负债表日执行　　　　　　B.资产负债表日后执行

  C.完成外勤审计工作后执行　　　D.期中工作中执行

5.下列做法中,无助于提高审计程序的不可预见性的是(　　)。

  A.针对销售收入和销售退回延长截止测试期间

  B.向以前没有询问过的被审计单位员工询问

  C.对以前通常不测试的金额较小的项目实施实质性程序

  D.对被审计单位银行存款年末余额实施函证

6.提高审计程序的不可预见性是注册会计师应对财务报表层次重大错报风险的重要措施。但在实务中,注册会计师不可以提高审计程序的不可预见性的是(　　)。

  A.对某些未测试过的低于重要性水平或风险较小的账户余额实施实质性程序

  B.调整实施审计程序的人员,由助理人员担任关键项目的审计工作

  C.采取不同的审计抽样方法,使当期抽取的测试样本与以前有所不同

  D.选取不同的地点实施审计程序,或预先不告知被审计单位所选定的测试地点

7.下列各项审计程序中,注册会计师在实施控制测试和实质性程序时均可以采用的是(　　)。

  A.检查　　　　　　　　　　　　B.分析程序

  C.函证　　　　　　　　　　　　D.重新执行

8.注册会计师进行控制测试时,下列审计程序中,通常不会运用的是(　　)。

  A.分析程序　　　　　　　　　　B.询问

  C.检查文件记录　　　　　　　　D.重新执行

9.下列关于控制测试的时间的说法,不正确的是(　　)。

  A.控制测试的时间包括何时实施控制测试

B. 控制测试的时间包括测试所针对的控制适用的时点或期间

C. 注册会计师一般在期中进行控制测试

D. 注册会计师仅在期末进行控制测试

10. 下列有关实质性程序的时间安排的说法中,正确的是(　　)。

　　A. 由于实质性程序的目的在于更直接地发现重大错报,在期中实施实质性程序时更需要考虑其成本效益的权衡

　　B. 应对舞弊风险的实质性程序通常在资产负债表日前实施

　　C. 如果在期中实施了实质性程序,注册会计师应当针对剩余期间实施控制测试,以将期中测试得出的结论合理延伸至期末

　　D. 注册会计师应先考虑实施控制测试,之后再实施实质性程序

三、多选题

1. 注册会计师针对财务报表层次的重大错报风险,运用职业判断来实施的总体应对措施包括(　　)。

　　A. 向项目组成员强调保持职业怀疑的必要性

　　B. 指派更有经验的或具有特殊技能的审计人员,或利用专家工作

　　C. 提供更多的督导

　　D. 实施综合性方案

2. 在选择拟实施的进一步审计程序时,应当注意某些程序不被管理层预见或事先了解,可以考虑(　　)。

　　A. 采取不同的选取测试项目的方法,使当期选取的测试项目与以前有所不同

　　B. 对某些未测试过的低于设定的重要性水平的账户余额和认定实施实质性程序

　　C. 调整实施审计程序的时间

　　D. 选取不同的地点实施审计程序,或预先不告知被审计单位所选定的测试地点

3. 进一步审计程序包括(　　)。

　　A. 控制测试　　　　　　　　　　B. 风险评估

　　C. 风险识别　　　　　　　　　　D. 实质性程序

4. 控制测试并非在任何情况下都需要实施,实施控制测试的情形有(　　)。

　　A. 在了解内部控制后,预期控制的运行是有效的

　　B. 仅实施实质性程序不足以提供认定层次充分、适当的审计证据

　　C. 控制设计合理但没有得到执行

　　D. 控制设计无效

5. 注册会计师实施控制测试后,最终评价相关控制,得出的结论可能是(　　)。

A. 控制有效运行,可以信赖   B. 控制运行无效,不可信赖

C. 控制设计不合理   D. 控制设计合理但没有得到执行

6. 实质性程序的时间安排有下列哪几种情况?(   )

A. 期中   B. 期末或接近期末

C. 期初   D. 利用以前审计获取的审计证据

7. 实质性程序的两种基本类型包括(   )。

A. 风险评估程序   B. 控制测试

C. 细节测试   D. 实质性分析程序

8. 如果在期中实施了控制测试,在针对剩余期间获取补充审计证据时,注册会计师通常考虑的因素有(   )。

A. 控制环境

B. 评估的重大错报风险水平

C. 在期中对有关控制有效性获取的审计证据的程度

D. 拟减少实质性程序的范围

9. 在下列哪几种情况下,审计人员不应将重大错报风险评估为高水平?(   )

A. 审计人员拟进行控制测试

B. 审计人员不拟进行控制测试

C. 审计人员难以对内部控制的有效性做出评估

D. 相关内部控制可能防止、发现或纠正重大错报

10. 在下列哪几种情况下,审计人员应直接实施实质性方案?(   )

A. 相关内部控制不存在

B. 相关内部控制虽然存在,但未有效运行

C. 相关内部控制可能防止、发现或纠正重大错报

D. 控制测试的工作量可能大于因进行控制测试所减少的实质性程序的工作量

四、案例分析题

ABC会计师事务所负责审计甲公司2019年年度财务报表,审计工作底稿中与内部控制相关的部分内容摘录如下:

(1)因被投资单位(联营企业)资不抵债,甲公司于2018年度对一项金额重大的长期股权投资全额计提减值准备。2019年年末,该项投资及其减值准备余额未发生变化,审计项目组拟不实施进一步审计程序;

(2)在识别甲公司管理层未向注册会计师披露的诉讼事项时,审计项目组根据管理层提供的诉讼事项清单,检查相关的文件记录,未发现明显异常;

(3)甲公司营业收入的发生认定存在特别风险,相关控制在2018年度

审计中经测试运行有效,因这些控制本年未发生变化,审计项目组拟继续予以信赖,并依赖了上年审计获取的有关这些控制运行有效的审计证据;

(4)审计项目组认为甲公司存在低估负债的特别风险,在了解相关控制后,未信赖这些控制,直接实施了细节测试;

(5)甲公司使用存货库龄等信息测算产成品的可变现净值,审计项目组拟信赖与库龄记录相关的内部控制,通过穿行测试确定了相关内部控制运行有效。

要求:针对上述第(1)—(5)项,逐项指出注册会计师的做法是否恰当。如不恰当,简要说明理由。

第九章
完成审计工作

学 习 目 标

学完本章,你应该能够:

- 了解完成审计工作的主要内容;
- 了解注册会计师如何获取并评价管理层声明;
- 理解注册会计师对期后事项的责任;
- 理解审计报告的含义、种类;
- 掌握实施期后事项审计的具体程序;
- 掌握我国注册会计师审计准则关于审计报告格式的规定;
- 掌握不同意见审计报告类型出具的条件和意见的内容。

导 入 案 例

中国证券市场第一份否定意见审计报告[①]

重庆渝港钛白粉股份有限公司(以下简称"渝钛白")是在以吸收合并方式接受重庆化工厂后于 1992 年 9 月 11 日宣告成立的,是以社会募集方式设立的公众持股有限公司。1993 年 7 月 12 日,"渝钛白"在深圳证券交易所上市交易(股票代码是 000515)。公司上市之后,起初经营业绩还算可以,但从 1996 年开始,公司在经营上开始出现亏损(1996 年亏损达 1318 万元)。

1998 年 3 月 8 日,重庆会计师事务所对"渝钛白"出具了中国证券市场上第一份否定意见的审计报告。出具否定意见的原因有两点:第一,1997 年度应计入财务费用的借款及应付债券利息 8064 万元,"渝钛白"将其资本化计入钛白粉工程成本;第二,欠付中国银行重庆分行的美元借款利息 89.8 万美元(折合人民币 743 万元),"渝钛白"公司未计提入账。两项共影响利润 8807 万元。

这被看作中国注册会计师成熟的标志,面对企业财务报表中出现的严重虚假错报问题,注册会计师勇敢地说了"不",改变了以往注册会计师软弱

① 资料来源:《上海证券报》1998 年 5 月 5 日,第 3 版。

无力的社会形象,标志着注册会计师社会责任意识的加强和中国注册会计师行业已具有一定的独立性。

这个案例说明了出具恰当的审计报告不仅有利于保护信息使用者的合法权益,也有利于会计师事务所树立声誉,赢得更多的客户。

第一节　完成审计的常规工作

注册会计师按业务循环完成各财务报表项目的审计测试和一些特殊项目的审计后,需要汇总审计测试结果,进行更具综合性的审计工作。

一、沟通与更正错报

除非法律法规禁止,注册会计师应当及时将审计过程中累积的所有错报与适当层级的管理层进行沟通。注册会计师还应当要求管理层更正这些错报。

管理层更正所有累积的错报(包括注册会计师通报的错报),能够保持会计账簿和记录的准确性。如果管理层拒绝更正沟通的部分或全部错报,注册会计师应当了解管理层不更正错报的理由,并在评价财务报表整体是否不存在重大错报时考虑该理由。

二、评价审计结果

(一)重新评估重要性

注册会计师在确定重要性时,通常依据对被审计单位财务结果的估计,因为此时可能尚不知道实际的财务结果。在评价未更正错报的影响之前,注册会计师可能有必要依据实际的财务结果对重要性做出修改。如果在审计过程中获知了某项信息,而该信息可能导致注册会计师确定与原来不同的财务报表整体重要性或者特定类别交易、账户余额或披露的一个或多个重要性水平(如适用),注册会计师应当予以修改。

如果对重要性水平的重新评价导致需要确定较低的金额,则应重新考虑:(1)实际执行的重要性;(2)进一步审计程序的性质、时间安排和范围的适当性。

(二)评价未更正错报的影响

1.评价可能错报汇总数

根据重新评估的重要性水平来确定可能错报汇总数(包括被审计单位未更正的已识别错报和推断错报及上期末未更正错报对本期报表的影响)是否重大。

(1)如果可能错报总额低于重要性水平,对财务报表的影响不重大,注册会计师可以发表无保留意见。

(2)如果可能错报总额超过了重要性水平,对财务报表的影响可能是重大的,注册会计师应当考虑通过扩大审计程序的范围或建议管理层调整财务报表来降低审计风险。

(3)如果可能错报总额接近重要性水平,注册会计师应当考虑其连同尚未发现的错报是否可能超过重要性水平,并考虑通过实施追加的审计程序或建议管理层调整财务报表来降低审计风险。

2.评价单项错报

注册会计师需要考虑每一单项错报,以评价其对相关类别的交易、账户余额或披露的影响,包括是否超过特定类别的交易、账户余额或披露的重要性水平(如适用)。

(1)如果注册会计师认为某一单项错报是重大的,则该错报不太可能被其他错报抵销。

(2)对于同一账户余额或同一类别的交易内部的错报,这种抵销可能是适当的。然而,在得出抵销非重大错报是适当的这一结论之前,需要考虑可能存在其他未被发现的错报的风险。

3.评价错报的性质

确定一项分类错报是否重大,需要进行定性评估。例如,分类错报对负债或其他合同条款的影响,对单个财务报表项目或小计数的影响,以及对关键比率的影响。

即使某些错报低于财务报表整体的重要性,但因与这些错报相关的某些情况,在将其单独或连同在审计过程中累积的其他错报一并考虑时,注册会计师也可能将这些错报评价为重大错报。例如,舞弊导致的错报,其金额低于重要性水平,但性质严重。再如,某项一年内到期的长期负债未重分类至流动负债,金额远低于财务报表的整体重要性,但该项分类错报影响流动性比率这一贷款合同中的关键财务指标,属于重大错报。

在有些情况下,某些分类错报超过了重要性水平,但从性质上可能被认为不重要。例如,某项应付账款误计入其他应付款的错报,金额超过财务报表整体的重要性。由于该错报不影响经营业绩和关键财务指标,注册会计师认为该项错报不重大。再如,被审计单位没有及时将资产负债表日已达到可使用状态的在建工程转入固定资产,金额超过财务报表整体的重要性,相关折旧金额较小。注册会计师在考虑相关定性因素之后,认为该错报对固定资产账户余额及财务报表整体均不产生重大影响,认为该项错报不是重大错报。

4.评价与以前期间相关的未更正错报的影响

注册会计师应当考虑与以前期间相关的未更正错报对相关类别的交易、账户余额或披露以及财务报表整体的影响

三、获取管理层书面声明

(一)书面声明的定义及作用

书面声明,是被审计单位管理层为确认某些事项或支持其他审计证据而向注册会计师提供的书面陈述。

注册会计师在出具审计报告前应当向被审计单位管理层索取管理层书面声明。

书面声明可以明确管理层认可其按照适用的财务报告编制基础编制财务报表的责任,这有助于提高注册会计师与管理层沟通的透明度,能起到保护注册会计师的作用;书面声明是注册会计师在财务报表审计中需要获取的必要信息,也是审计证据。如果管理层修改书面声明的内容或者不提供书面声明,可能使注册会计师警觉存在重大问题的可能性。在某些情况下,书面声明是注册会计师通过实施其他审计程序获得的审计证据的补充。例如,注册会计师已经获取被审计单位就已经识别的关联方关系恰当披露的证据,仍应获取关于关联方信息完整性的管理层声明,以表明被审计单位不存在其他应披露而未披露的关联方及其交易。就某些事项而言,管理层声明可以作为重要的审计证据。例如,影响资产和负债账面价值或分类的意图、计划,注册会计师应取得管理层声明,作为重要的审计证据。

小贴士

管理层已提供可靠书面声明的事实,并不影响注册会计师就管理层责任履行情况或具体认定获取的其他审计证据的性质和范围。

(二)书面声明的内容

1.针对管理层责任的书面声明

针对管理层责任的书面声明主要内容包括以下两个部分:(1)根据审计业务约定条款,履行了按照适用的财务报告编制基础编制财务报表并使其实现公允反映的责任。(2)针对提供的信息和交易的完整性,管理层需确认其按照审计业务约定条款,已向注册会计师提供所有相关信息,并允许注册会计师不受限制地接触所有相关信息以及被审计单位内部人员和其他相关人员;所有交易均已记录并反映在财务报表中。

2.其他书面声明

如果注册会计师认为有必要获取一项或多项其他书面声明,以支持与财务报表或者一项或多项具体认定相关的其他审计证据,应当要求管理层提供这些书面声明。

注册会计师可能认为有必要要求管理层声明其已将注意到的所有内部控制缺陷向注册会计师通报;也可能认为有必要要求管理层提供书面声明,尤其是支持注册会计师就管理层的判断或意图或者完整性认定从其他审计证据中获取的了解。

小贴士

针对管理层责任的书面声明是注册会计师必须获取的审计证据,而其他书面声明则当注册会计师认为有必要时才获取。

(三)书面声明的日期和涵盖的期间

书面声明的日期应当尽量接近对财务报表出具审计报告的日期,但不得在审计报告日后。书面声明应当涵盖审计报告针对的所有财务报表期间。如果在审计报告提及的所有期间内被审计单位的管理层发生了变动,注册会计师仍需要向现任管理层获取涵盖所有相关期间的书面声明。

(四)书面声明对审计意见的影响

如管理层不提供注册会计师要求的书面声明,或者注册会计师认为书面声明不可靠,注册会计师应当采取适当措施,包括确定其对审计意见可能产生的影响。例如,注册会计师对管理层的诚信产生重大疑虑,以至于认为书面声明不可靠;或者管理层不提供针对财务报表的编制责任及提供的信息和交易的完整性的书面声明,则注册会计师无法获取充分、适当的审计证据。这对财务报表的影响可能是广泛的,因此,注册会计师应当发表无法表示意见。

管理层声明书示例如下。

管理层声明书

ABC会计师事务所并甲、乙注册会计师:

本声明书是针对你们审计ABC公司截至2019年12月31日的年度财务报表而提供的。审计的目的是对财务报表发表意见,以确定财务报表是否在所有重大方面已按照企业会计准则的规定编制,并实现公允反映。

尽我们所知,并在做出了必要的查询和了解后,我们确认:

一、财务报表

1.我们已履行2019年1月13日签署的审计业务约定书中提及的责任,即根据企业会计准则的规定编制财务报表,并对财务报表进行公允反映。

2.在做出会计估计时使用的重大假设(包括与公允价值计量相关的假设)是合理的。

3.已按照企业会计准则的规定对关联方关系及其交易做出了恰当的会计处理和披露。

4.根据企业会计准则的规定,所有需要调整或披露的资产负债表日后事项都已得到调整或披露。

5.未更正错报,无论是单独还是汇总起来,对财务报表整体的影响均不重大。未更正错报汇总表附在本声明书后。

二、提供的信息

1.我们已向你们提供下列工作条件:

(1)允许接触我们注意到的、与财务报表编制相关的所有信息(如记录、文件和其他事项)。

(2)提供你们基于审计目的要求我们提供的其他信息。

(3)允许在获取审计证据时不受限制地接触你们认为必要的本公司内部人员和其他相关人员。

2.所有交易均已记录并反映在财务报表中。

3.我们已向你们披露了舞弊可能导致的财务报表重大错报风险的评估结果。

4.我们已向你们披露了我们注意到的、可能影响本公司的与舞弊或舞弊嫌疑相关的所有信息,这些信息涉及本公司的:(1)管理层;(2)在内部控制中承担重要职责的员工;(3)其他人员(在舞弊行为导致财务报表重大错报的情况下)。

5.我们已向你们披露了从现任和前任员工、分析师、监管机构等方面获知的、影响财务报表的相关信息。

6.我们已向你们披露了所有已知的、在制编财务报表时应当考虑其影响的违反或涉嫌违反法律法规的行为。

7.我们已向你们披露了我们注意到的关联方的名称和特征、所有关联方关系及其交易。

附:未更正错报汇总表

ABC公司(盖章)　　　　　　　　ABC公司管理层(签名并盖章)

中国长春市　二〇二〇年一月二十八日

四、复核财务报表和审计工作底稿

(一)对财务报表的总体合理性进行总体复核

注册会计师应当在审计结束或临近结束时,运用分析程序,确定经调整后的财务报表整体是否与对被审计单位的了解一致,是否具有总体合理性。

进行总体复核后,如果识别出以前未识别的重大错报风险,注册会计师应当重新考虑以下几点:

(1)对全部或部分各类交易、账户余额、披露评估的风险是否恰当;

(2)之前计划的审计程序是否充分;

(3)是否有必要追加审计程序。

(二)复核审计工作底稿

遵循审计准则要求执行复核是确保注册会计师执业质量的重要手段之一。会计师事务所应根据审计准则,结合自身组织架构特点和质量控制体系建设需要,制定相关的质量控制政策和程序。审计项目复核包括项目组内部复核和项目质量控制复核。

1.项目组内部复核

第一,复核人员。通常情况下,由项目组内经验较多的人员复核经验较少人员的工作。对较为复杂、审计风险较高的领域,需要指派经验丰富的项目组成员复核,必要时可以由项目合伙人执行复核,例如,舞弊风险的评估与应对、重大会计估计及其他复杂的会计问题、审核会议记录和重大合同、关联方关系和交易、持续经营存在的问题等。

第二,复核范围。项目组内部复核是常规的业务复核,所有的审计工作底稿至少要经过一级复核。

第三,复核时间。审计项目组内部复核贯穿审计全过程,例如,在审计计划阶段复核记录审计策略和审计计划的工作底稿,在审计执行阶段复核记录控制测试和实质性程序的工作底稿,在审计完成阶段复核记录重大事项、审计调整及未更正错报的工作底稿等。

第四,项目合伙人复核。根据审计准则的规定:项目合伙人应当对会计师事务所分派的每项审计业务的总体质量负责;项目合伙人应当对项目组按照会计师事务所复核政策和程序实施的复核负责。项目合伙人复核的内容包括:①对关键领域的判断,尤其是执业过程中识别出的疑难问题或争议事项;②特别风险;③项目合伙人认为重要的其他领域。

项目合伙人不应委托他人复核,也无须复核所有审计工作底稿,但在审计报告日或审计报告日之前,项目合伙人应当通过复核审计工作底稿与项目组讨论,确定已获取充分、适当的审计证据,能够支持得出的结论和拟出具的审计报告。同时,审计准则要求项目合伙人记录复核的范围和时间。

2. 项目质量控制复核(必要时)

会计师事务所对特定业务(如涉及公众利益的上市公司财务报表审计、高风险业务)应实施独立的项目质量控制复核。

第一,复核人员。会计师事务所应安排经验丰富的注册会计师担任项目质量控制复核人员,例如:有一定执业经验的合伙人,或专门负责质量控制复核的注册会计师。

第二,复核要求。项目质量控制复核人员应当客观地评价项目组做出的重大判断以及在编制审计报告时得出的结论。

第三,复核时间。根据审计准则规定,只有完成了项目质量控制复核,才能签署审计报告;审计报告的日期不得早于注册会计师获取充分、适当的审计证据,并在此基础上对财务报表形成审计意见的日期。

第四,复核范围根据审计准则规定,项目质量控制复核人员应当客观地评价项目组做出的重大判断及在编制审计报告时得出的结论,具体包括:①与项目合伙人讨论重大事项;②复核财务报表和拟出具的审计报告;③复核选取与项目组做出的重大判断和得出的结论相关的审计工作底稿;④评价在编制审计报告时得出的结论,并考虑拟出具审计报告的恰当性。

对于上市实体财务报表审计,项目质量控制复核人员在实施项目质量控制复核时,还应当考虑:①审计项目组就具体审计业务对会计师事务所独立性做出的评价是否恰当;②审计项目组是否已就涉及意见分歧的事项,其他疑难问题或争议事项进行适当咨询,以及咨询得出的结论是否恰当;③选取的用于复核的审计工作底稿,是否反映了审计项目组针对重大判断执行的工作,以及是否能够支持得出的结论。

(二)复核审计工作底稿

审计工作底稿的复核相关内容详见第五章第三节。

五、与治理层沟通

在完成审计工作阶段,注册会计师应当就财务报表审计相关且根据执业判断认为与治理层责任相关的重大事项,以适当的方式及时与治理层沟通。

双方通常就下列事项进行口头或书面的沟通:(1)注册会计师与财务报表审计相关的责任;(2)计划审计的范围和时间安排;(3)审计中发现的重大问题;(4)注册会计师的独立性;(5)值得关注的内部控制的缺陷。

第二节 期后事项

一、期后事项的定义

期后事项是指财务报表日至审计报告日之间发生的事项,以及注册会计师在审计报告日后知悉的事实。

二、期后事项的分类

根据被审计年度财务报告可能受到的影响,通常将期后事项分为两类。一类是财务报表日后调整事项,即对财务报表日已经存在的情况提供了新的或进一步的证据的事项,这类事项需要被审计单位调整财务报表;第二类是财务报表日后非调整事项,即虽不影响财务报表金额,但可能影响对财务报表的正确理解,这类事项需要提请被审计单位在财务报表附注中做适当披露。

表 9-1　期后事项分类举例表

期后事项	类型
调整事项	①财务报表日后诉讼案件结案,法院判决证实了企业在财务报表日已经存在现时义务,需要调整原先确认的与该诉讼案件相关的预计负债,或确认一项新负债 ②财务报表日后取得确凿证据,表明某项资产在财务报表日发生了减值或者需要调整该项资产原先确认的减值金额 ③财务报表日后进一步确定了财务报表日前购入资产的成本或售出资产的收入 ④财务报表日后发现了财务报表舞弊或差错
非调整事项	①财务报表日后发生重大诉讼、仲裁、承诺 ②财务报表日后资产价格、税收政策、外汇汇率发生重大变化 ③财务报表日后因自然灾害导致资产发生重大损失 ④财务报表日后发生股票和债券以及其他巨额举债 ⑤财务报表日后资本公积转增资本 ⑥财务报表日后发生巨额亏损 ⑦财务报表日后发生企业合并或处置子公司 ⑧财务报表日后企业利润分配方案中拟分配的以及经审议批准宣告发放的股利或利润

三、期后事项的时段划分及相应的审计责任

资产负债表日后的时期被分为三个时段,第一时段为资产负债表日至审计报告日,第二时段为审计报告日至财务报表报出日,第三时段为财务报表报出日以后。注册会计师对审计报告日后的期后事项责任有所不同(见图 9-1)。

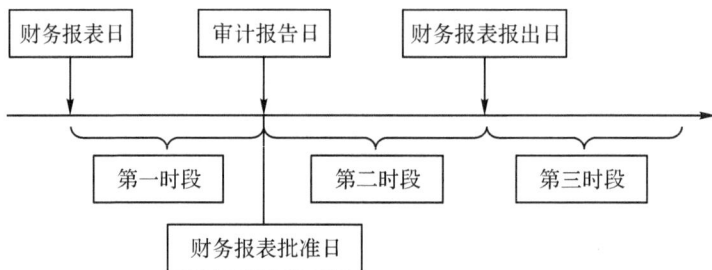

图 9-1　期后事项分段示意图

其中,财务报表日,是指财务报表涵盖的最近期间的截止日期。审计报告日,是指注册会计师在对财务报表出具的审计报告上签署的日期。财务报表批准日,是指构成整套财务报表的所有报表(包括相关附注)已编制完成,并且被审计单位的董事会、管理层或类似机构已经认可其对财务报表负责的日期。财务报表报出日,是指审计报告和已审计财务报表提供给第三方的日期。

(一)第一时段期后事项(财务报表日至审计报告日之间发生的事项)

1.主动识别第一时段期后事项

注册会计师负有主动识别的义务,应当设计专门的审计程序识别这些期后事项,并根据这些事项的性质判断其对财务报表的影响,进而确定是进行调整还是披露。

2.用以识别期后事项的审计程序

(1)了解管理层为确保识别期后事项而建立的程序。

(2)询问管理层和治理层,确定是否已发生可能影响财务报表的期后事项。注册会计师可以询问根据初步或尚无定论的数据做出会计处理的项目的现状,以及是否已发生新的承诺、借款或担保,是否计划出售或购置资产等。

(3)查阅被审计单位的所有者、管理层和治理层在财务报表日后举行会议的纪要,在不能获取会议纪要的情况下,询问此类会议讨论的事项。

(4)查阅被审计单位最近的中期财务报表。

(5)查阅财务报表日后最近期间内的预算、现金流量预测和其他相关的管理报告。

(6)就诉讼和索赔事项询问被审计单位的法律顾问,或扩大之前口头或书面查询的范围。

(7)考虑是否有必要获取涵盖特定期后事项的书面声明以支持其他审计证据,从而获取充分、适当的审计证据。

(二)第二时段期后事项(在审计报告日至财务报表报出日之间发生的事项)

1.被动识别第二时段期后事项

在审计报告日后,注册会计师没有义务针对财务报表实施任何审计程序。

2.知悉第二时段期后事项时的考虑

如果知悉了某事实,且在审计报告日知悉可能导致修改审计报告。

(1)管理层修改财务报表时的处理。

应当根据具体情况对有关修改实施必要的审计程序,将用以识别期后事项的审计程序延伸至新的审计报告日,并针对修改后的财务报表出具新的审计报告。新的审计报告日不应早于修改后的财务报表被批准的日期。

在有关法律法规或适用的财务报告编制基础未禁止的情况下,如果管理层对财务报表的修改仅限于反映导致修改的期后事项的影响,被审计单位的董事会、管理层或类似机构也仅对有关修改进行批准,注册会计师可以仅针对有关修改将用以识别期后事项的上述审计程序延伸至新的审计报告日。在这种特定情形下,注册会计师应当选用下列处理方式之一:①修改审计报告,针对财务报表修改部分增加补充报告日期,从而表明注册会计师对期后事项实施的审计程序仅限于财务报表相关附注所述的修改。②出具新的或修改的审计报告,在强调事项段或其他事项段中说明注册会计师对期后事项实施的审计程序仅限于财务报表相关附注所述的修改。

(2)管理层不修改财务报表时的处理。

若审计报告未提交,注册会计师应当发表非无保留意见,然后再提交审计报告。

若审计报告已提交,注册会计师应当通知管理层和治理层在财务报表做出必要修改前不要向第三方报出。如果财务报表仍被报出,注册会计师应当采取适当措施,以设法防止财务报表使用者信赖该审计报告。

(三)第三时段的期后事项(财务报表报出后发生的事项)

1.没有义务识别第三时段的期后事项

注册会计师没有义务识别第三时段的期后事项。

2.知悉第三时段期后事项时的考虑

注册会计师在知悉后采取行动的第三时段期后事项是有严格限制的。只有同时满足下面两个条件,注册会计师才需要采取行动:①这类期后事项是审计报告日已经存在的事实。②如果注册会计师在审计报告日前获知,可能影响审计报告。

在这种情况下,注册会计师应当与管理层和治理层讨论该事项,确定财务报表是否需要修改,如果需要修改,询问管理层将如何在财务报表中处理该事项。

(1)管理层修改财务报表时的处理。

①根据具体情况对有关修改实施必要的审计程序。例如,查阅法院判决文件,复核会计处理或披露事项,确定管理层对财务报表的修改是否恰当。

②复核管理层采取的措施能否确保所有收到原财务报表和审计报告的人士了解这一情况。

例如,上市公司管理层刊登公告的媒体是否是中国证券监督管理委员会指定的媒体,若仅刊登在其注册地的媒体上,则异地的使用者可能无法了解这一情况。

③延伸实施审计程序,并针对修改后的报表出具新的审计报告。

除非特殊情况,将用以识别期后事项的上述审计程序延伸至新的审计报告日,并针对修改后的财务报表出具新的审计报告,新的审计报告日不应早于修改后的财务报表被批准的日期。

④在特定情形下,修改审计报告或提供新的审计报告。

需要提醒的是,注册会计师应当在新的或经修改的审计报告中增加强调事项段或其他事项段,提醒财务报表使用者关注财务报表附注中有关修改原财务报表的详细原因和注册会计师提供的原审计报告。

(2)管理层未采取任何行动时的处理。

应当通知管理层和治理层,注册会计师将设法防止财务报表使用者信赖该审计报告。

注册会计师采取的措施取决于自身的权利和义务。因此,注册会计师可能认为寻求法律意见是适当的。

第三节　出具审计报告

一、审计报告的含义

审计报告是审计人员在依法实施审计工作的基础上,向审计授权人或委托人出具的,用于提出审计结论、发表审计意见的书面文件。

就注册会计师审计而言,审计报告是指注册会计师根据中国注册会计师审计准则的规定,在实施审计工作的基础上,对被审计单位的财务报表或被审计事项发表审计意见的书面文件。

本章主要介绍注册会计师对财务报表进行审计所出具的审计报告。

二、审计报告的基本内容

(一)标题

审计报告应当具有标题,统一规范为"审计报告"。

(二)收件人

审计报告的收件人一般是指审计业务的委托人。审计报告应当按照审计业务的约定载明收件人的全称。针对整套通用目的财务报表出具的审计报告,审计报告的致送对象通常为被审计单位的股东或治理层,如"××股份有限公司全体股东""××有限责任公司董事会"。

(三)审计意见

审计意见部分由两段构成。第一段指出已审计财务报表,第二段说明注册会计师发表的审计意见,详见表9-2。

表9-2　审计意见表①

	标题	内容	
审计意见类型	表明审计意见的类型	第一部分:陈述已审计财务报表	第二部分:陈述注册会计师发表的审计意见
		(1)被审计单位名称 (2)财务报表已经审计 (3)构成整套财务报表的每一财务报表的名称、日期或涵盖的期间 (4)财务报表附注	(1)合法性:财务报表是否在所有重大方面按照适用的财务报告编制基础(如企业会计准则)编制 (2)公允性:财务报表是否在所有重大方面公允反映了被审计单位的财务状况、经营成果和现金流量
无保留意见	无保留意见		我们认为,后附的财务报表在所有重大方面按照企业会计准则的规定编制,公允反映了ABC公司××××年12月31日的财务状况以及××××年度的经营成果和现金流量
保留意见	保留意见	我们审计了ABC股份有限公司(以下简称"ABC公司")财务报表,包括××××年12月31日的资产负债表、××××年度的利润表、现金流量表、股东权益变动表以及相关财务报表附注	财务报表存在重大错报而发表保留意见时:我们认为,除"形成保留意见的基础"部分所述事项产生的影响外,财务报表在所有重大方面按照企业会计准则的规定编制,公允反映了ABC公司××××年12月31日的财务状况以及××××年度的经营成果和现金流量 无法获取充分、适当的审计证据而发表保留意见时:我们认为,除……可能产生的影响外,财务报表在所有重大方面按照企业会计准则的规定编制,公允反映了ABC公司××××年12月31日的财务状况以及××××年度的经营成果和现金流量
否定意见	否定意见		我们认为,由于"形成否定意见的基础"部分所述的事项的重要性,财务报表没有在所有重大方面按照企业会计准则的规定编制,未能公允反映ABC公司××××年12月31日的财务状况以及××××年度的经营成果和现金流量

---

① 马春静:《审计:原理与实务》,中国人民大学出版社2019年版,第281页。

无法表示意见	无法表示意见	我们接受委托,审计 ABC 股份有限公司(以下简称"ABC 公司")财务报表,包括…… (将"审计了"改为"审计")	我们不对后附的 ABC 公司财务报表发表审计意见。由于"形成无法表示意见的基础"部分所述事项的重要性,我们无法获取充分、适当的审计证据以作为对财务报表发表审计意见的基础

(四)形成审计意见的基础

审计报告应当包含标题为"形成审计意见的基础"的部分。该部分提供关于审计意见的重要背景,应当紧接在审计意见部分之后,主要包括以下内容:

(1)说明注册会计师按照审计准则的规定执行了审计工作;

(2)提及审计报告中用于描述注册会计师责任的部分;

(3)声明保持了独立性,履行了职业道德的其他责任;

(4)声明注册会计师是否相信获取的审计证据是充分、适当的,为发表审计意见提供了基础。

(五)管理层对财务报表的责任

审计报告应当包含标题为"管理层对财务报表的责任"的部分。

(六)注册会计师对财务报表审计的责任

审计报告应当包含标题为"注册会计师对财务报表审计的责任"的部分。

(七)按照相关法律法规的要求报告的事项(如适用)

某些情况下,相关法律法规可能要求或允许注册会计师将对这些其他责任的报告作为对财务报表出具的审计报告的一部分。例如,如果注册会计师在财务报表审计中注意到某些事项,可能被要求对这些事项予以报告。在另外一些情况下,相关法律法规可能要求或允许注册会计师在单独出具的报告中进行报告。例如,注册会计师可能被要求实施额外规定的程序并予以报告,或对特定事项(如会计账簿和记录的适当性)发表意见。

如果注册会计师在对财务报表出具的审计报告中履行其他报告责任,应当在审计报告中将其单独作为一部分,并以"按照相关法律法规的要求报告的事项"为标题,或使用适合于该部分内容的其他标题。除非其他报告责任涉及的事项与审计准则规定的报告责任涉及的事项相同。如果涉及相同的事项,其他报告责任可以在审计准则规定的同一报告要素部分列示。

(八)注册会计师的签名和盖章

审计报告应当由项目合伙人和另一名负责该项目的注册会计师签名和盖章。审计报告还应当指明项目合伙人。

在审计报告中指明项目合伙人,有助于增强对审计报告使用者的透明度,有利于增强项目合伙人的个人责任感。因此,对上市实体整套通用目的财务报表出具的审计报告应当注明项目合伙人。

(九)会计师事务所的名称、地址和盖章

审计报告应当载明会计师事务所的名称和地址,并加盖会计师事务所公章。

(十)报告日期

审计报告日期非常重要。注册会计师对不同时段的财务报表日后事项有着不同的责任,而审计报告的日期是划分时段的关键时点。

在确定审计报告日时,注册会计师应当确信已获取下列几方面的审计证据:

(1)构成整套财务报表的所有报表(包括相关附注)已编制完成。审计报告的日期通常与管理层签署已审计财务报表的日期为同一天,或晚于管理层签署已审计财务报表的日期,但不得早于该日期。

(2)董事会、管理层或类似机构已经确认其对财务报表负责。审计报告的日期不得早于针对管理层责任的书面声明的日期。

(3)审计报告日不应早于注册会计师实施必要的审计程序,获取充分、适当的审计证据,并在此基础上对财务报表形成审计意见的日期。

三、审计意见的基本类型

注册会计师在执行审计工作的基础上,根据审计证据得出结论后对财务报表可能发表无保留意见、保留意见、否定意见、无法表示意见四种审计意见。

无保留意见,是指注册会计师认为财务报表在所有重大方面按适用的财务报告编制基础编制并实现公允反映时发表的意见。

非无保留意见,是指对财务报表发表的保留意见、否定意见或无法表示意见。

当存在下列情形之一时,应发表非无保留意见:

(1)财务报表存在重大错报。根据获取的审计证据,得出财务报表整体存在重大错报的结论。

(2)审计范围严重受限。无法获取充分、适当的审计证据,不能得出财务

报表整体不存在重大错报的结论。

　　审计意见类型的决策要考虑三个层面:①是否获取了充分、适当的审计证据;②财务报表存在错报(或者在无法获取充分、适当的审计证据的情况下,财务报表可能存在错报)是否重大;③重大错报(或可能重大错报)对财务报表产生(或可能产生)的影响的广泛性。(见表9-3)

表 9-3　审计意见决策表

导致发表非无保留意见的事项性质	这些事项对财务报表产生或可能产生影响的广泛性		
	不重大	重大但不具有广泛性	重大且具有广泛性
财务报表存在重大错报	无保留意见	保留意见	否定意见
无法获取充分、适当的审计证据		保留意见	无法表示意见

四、在审计报告中沟通关键审计事项

(一)关键审计事项的含义

关键审计事项是指注册会计师根据职业判断认为对当期财务报表审计最为重要的事项。

　　沟通关键审计事项,可以提高已执行审计工作的透明度,从而提高审计报告的决策相关性和有用性。还能够为财务报表使用者提供额外的信息,以帮助其了解被审计单位、已审计财务报表中涉及重大管理层判断的领域,以及注册会计师根据职业判断认为对当期财务报表审计最为重要的事项。沟通关键审计事项,还能够为财务报表预期使用者就与被审计单位、已审计财务报表或已执行审计工作相关的事项进一步与管理层和治理层沟通提供基础。

小 贴 士

　　(1)审计准则要求注册会计师在上市实体整套通用目的财务报表审计报告中增加关键审计事项部分,用于沟通关键审计事项。即使注册会计师认为不存在关键审计事项,也要在审计报告的关键审计事项部分说明不存在关键审计事项。

　　(2)除非法律法规另有规定,当对财务报表发表无法表示意见时,注册会计师不得在审计报告中包含关键审计事项部分。

(二)关键审计事项的决策

注册会计师在确定关键审计事项时,应该遵循以下决策思路。

1.以"与治理层沟通的事项"为起点选择关键审计事项

《中国注册会计师审计准则 1151 号——与治理层的沟通》要求注册会计师与被审计单位治理层沟通在审计过程中发现的重大事项,包括注册会计师对被审计单位的重要会计政策、会计估计和财务报表披露等会计实务的看法,审计过程中遇到的重大困难,已与治理层讨论或书面沟通的重大事项等,以便治理层履行其监督财务报告过程的职责。以上重大事项与财务报表使用者的决策相关,因此,应该从与治理层沟通的事项中选择关键审计事项。

2.从"与治理层沟通的事项"中选出"在执行审计工作时重点关注过的事项"

注册会计师与被审计单位的治理层进行沟通的重大事项可能与注册会计师确定关键审计事项高度相关,因为,注册会计师应当从与治理层进行沟通的事项中确定在执行审计工作时重点关注过的事项。在确定时,注册会计师应当考虑以下方面:

(1)评估的重大错报风险较高的领域或识别出的特别风险。在审计实务中,评估的重大错报风险较高的领域或识别出的特别风险通常需要注册会计师在审计中投放更多的审计资源予以应对,因此,注册会计师在确定重点关注过的事项时需要特别考虑该方面。

(2)与财务报表中涉及重大管理层判断(包括被认为具有高度估计不确定性的会计估计)的领域相关的重大审计判断。财务报表中复杂、重大的管理层领域,通常涉及困难、复杂的审计判断,因此,注册会计师需要特别考虑该方面。

(3)本期重大交易或事项对审计的影响。对财务报表或审计工作具有重大影响的交易或事项可能影响管理层的假设或判断,也可能影响注册会计师的总体审计方法,并导致某一事项需要被重点关注。

3.从"在执行审计工作时重点关注过的事项"中选出"最为重要的事项",从而构成关键审计事项

注册会计师在审计过程中可能已与治理层对需要重点关注的事项进行了较多沟通,而这些事项的性质和范围可以表明哪些事项对审计最为重要。"最为重要的事项"并不意味着只有一项,最初确定的关键审计事项越多,注册会计师越需要重新考虑每一事项是否符合关键审计事项的定义。

三只公鼠(公司)审计报告中的关键审计事项

(三)关键审计事项的描述

为了突出关键审计事项,注册会计师应当在审计报告中单设一部分,以"关键审计事项"为标题,并在该部分使用恰当的子标题逐项描述关键审计事项。(详见表 9-4)

表 9-4 关键审计事项在审计报告中的描述表

标题	关键审计事项	
位置	在"形成审计意见的基础"部分之后	
内容	**第一部分:引言**	**第二部分:逐项描述关键审计事项**
	(1)说明关键审计事项是注册会计师根据职业判断认为对本期财务报表审计最为重要的事项 (2)关键审计事项的应对以对财务报表整体进行审计并形成审计意见为背景,注册会计师对财务报表整体形成审计意见,而不对关键审计事项单独发表意见	(1)子标题:单一关键审计事项 (2)事项描述 ①基本事实陈述; ②被认定为最重要事项的理由 (3)审计应对(实施的审计程序及结果) 排列顺序:依据事项重要程度排列

不在审计报告中描述关键审计事项的情形

(1)法律法规禁止公开披露某事项(例如妨碍司法调查)
(2)在极少数情形下,合理预期在审计报告中沟通敏感事项造成的负面后果超过在公众利益方面产生的益处(被审计单位已公开披露与该事项有关的信息除外)

在审计报告中不描述但应提及关键审计事项

(1)导致非无保留意见的事项,或可能导致对被审计单位持续经营能力产生重大疑虑的事项或情况存在重大不确定性,属于关键审计事项,但不得在审计报告的关键审计事项部分进行描述,而应在关键审计事项部分提及形成保留(否定)意见的基础部分与持续经营相关的重大不确定性部分
(2)如果确定不存在需要沟通的关键审计事项,或者仅有上述(1)所列事项,应在审计报告中单设的关键审计事项部分加以说明

【**案例 9-1**】 注册会计师小张负责审计多家上市公司 2019 年度财务报表,遇到下列与审计报告相关的事项,要求指出注册会计师小张的做法是否恰当。如不恰当,简要说明理由。

(1)注册会计师小张拟对甲公司 2019 年度财务报表发表或出具无保留意见,并确定不存在需要在审计报告中沟通的关键审计事项,因此在审计报告中拟不包含关键审计事项部分。

(2)乙公司 2019 年发生重大经营亏损。注册会计师小张实施审计程序并与治理层沟通后,认为可能导致对持续经营能力产生重大疑虑的事

项或情况不存在重大不确定性。因在审计工作中对该事项进行过重点关注，注册会计师小张拟将其作为关键审计事项在审计报告中沟通。

（3）注册会计师小张对丙公司关联方关系及交易实施审计程序并与治理层沟通后，对是否存在未在财务报表中披露的关联方关系及交易仍存有疑虑，拟将其作为关键审计事项在审计报告中沟通。

五、在审计报告中增加强调事项段

(一)强调事项段的含义

强调事项段是指审计报告中含有的一个段落，该段落描述已在财务报表中恰当列报或披露的事项，根据注册会计师的职业判断，该事项对财务报表使用者理解财务报表至关重要。

(二)增加强调事项段的条件

(1)该事项已在财务报表中列报或披露，且不存在重大错报。

(2)该事项对财务报表使用者理解财务报表至关重要，有必要提醒报表使用者关注。

(3)该事项未被确定为在审计报告中沟通的关键审计事项。

(三)增加强调事项段的情形举例

(1)异常诉讼或监管行动的未来结果存在不确定性。

(2)提前应用(在允许的情况下)对财务报表有广泛影响的新会计准则。

在审计报告中
增加强调事项段

(3)存在已经或持续对被审计单位财务状况产生重大影响的特大灾难。

(4)法律法规规定的财务报告编制基础不可接受，但其是由法律或法规做出的规定。

(5)财务报表按照特殊目的的编制基础编制。

(6)针对期后事项出具了新的审计报告或修改了审计报告。

(四)强调事项的描述

如果在审计报告中增加强调事项段，注册会计师应当采取下列措施：

(1)将强调事项段作为单独的一部分置于审计报告中，并使用包含"强调事项"这一术语的适当标题。

(2)明确提及被强调查事项以及相关披露的位置。

(3)指出审计意见没有因该强调事项而改变。

强调事项段在审计报告中的描述见表9-5。

表 9-5　强调事项段在审计报告中的描述表

标题	强调事项
位置	(1)紧接在"形成审计意见的基础"部分之后(当强调事项与适用的财务报告编制基础相关时) (2)当审计报告中包含关键审计事项部分时,强调事项段紧接在关键审计事项部分之前或之后(取决于重要程度)
内容	(1)描述该强调事项 (2)明确提及相关披露的位置,以便能够在财务报表中找到对该事项的详细描述 (3)指出该段内容仅用于提醒财务报表使用者关注,并不影响已发表的审计意见

六、在审计报告中增加其他事项段

(一)其他事项段的含义

其他事项段是指审计报告中含有的一个段落,该段落提及未在财务报表中列报或披露的事项,根据注册会计师的职业判断,该事项与财务报表使用者理解审计工作、注册会计师的责任或审计报告相关。

(二)增加其他事项段的条件

(1)未在财务报表中列报或披露(因未被要求)。

(2)根据职业判断注册会计师认为与财务报表使用者理解审计工作、注册会计师的责任或审计报告相关。

(3)未被确定为在审计报告中沟通的关键审计事项。

(4)法律法规未禁止注册会计师披露。

(三)增加其他事项段的情形

1. 与使用者理解审计工作相关的情形

在极其特殊的情况下,即使由于管理层对审计范围施加的限制导致无法获取充分、适当的审计证据可能产生的影响具有广泛性,注册会计师也不能解除业务约定。此时,注册会计师可能认为有必要在审计报告中增加其他事项段,解释为何不能解除业务约定。

2.与使用者理解注册会计师的责任或审计报告相关的情形

法律法规或得到广泛认可的惯例要求或允许注册会计师详细说明某些事项,以进一步解释注册会计师在财务报表审计中的责任或审计报告。在这种情况下,注册会计师可以使用一个或多个子标题来描述其他事项段的内容。

3.对两套以上财务报表出具审计报告的情形

被审计单位按照通用目的编制基础(如某国财务报告编制基础)编制一套财务报表,且按照另一个通用目的编制基础(如国际财务报告准则)编制另一套财务报表,并委托注册会计师同时对两套财务报表出具审计报告。如果注册会计师已确定两个财务报告编制基础在各自情形下是可接受的,可以在审计报告中增加其他事项段,说明被审计单位根据另一个通用目的编制基础(如国际财务报告准则)编制了另一套财务报表以及注册会计师对这些财务报表出具了审计报告。

4.限制审计报告分发和使用的情形

为特定目的编制的财务报表按照通用目的编制基础编制,且能够满足特定使用者对财务信息的需求。由于审计报告旨在提供给特定使用者,注册会计师可能认为在这种情况下需要增加其他事项段,说明审计报告只是提供给财务报表特定使用者,不应分发给其他机构或人员或者被其他机构或人员使用。

(四)其他事项段的描述

其他事项段在审计报告中的描述见表9-6。

表9-6 其他事项段在审计报告中的描述表

标题	(1)其他事项 (2)其他事项——背景信息,例如"其他事项——审计范围"
位置	在关键审计事项部分、强调事项段之后
内容	描述该事项的具体内容

复习题

一、判断题

( )1.在完成审计工作阶段,注册会计师应当依据实际的财务结果重新评估财务报表整体重要性,但任何情况下都不需要重新评估特定类别交易、账户余额或披露的一个或多个重要性水平。

( )2.如果某一单项错报是重大的,则其不大可能被其他错报抵销。例如,如果收入存在重大虚增,即使其对收益的影响被相同金额的费用虚减所抵销,财务报表仍存在重大错报。

（　　）3.当判断管理层诚实守信时,管理层声明作为审计证据可以替代其他必要的审计证据。

（　　）4.审计报告日就是将审计报告交给客户的日期。

（　　）5.在各类型审计报告中,除了无保留意见审计报告以外,均须在审计报告中沟通关键审计事项。

（　　）6.若审计范围受到被审计单位的限制这一情况重要但对整个会计报表无影响,则注册会计师应出具保留意见审计报告。

（　　）7.审计报告的收件人一般是指审计业务的委托人,收件人应载明全称。

（　　）8.注册会计师不需要对关键审计事项单独发表审计意见。

（　　）9.如果无法获取充分、适当的审计证据以作为形成审计意见的基础,但认为未发现的错报对财务报表可能产生的影响重大且具有广泛性,应发表否定意见。

（　　）10.预期在审计报告中沟通某事项造成的负面后果超过产生公众利益方面的益处的事项,需要在关键审计事项部分披露。

二、单选题

1.如果重估后的重要性水平（　　）原来确定的重要性水平,注册会计师应重新评价已经获取的审计证据是否充分、适当,重新考虑实际执行的重要性和进一步审计程序的性质、时间安排和范围的适当性。

A.远远低于　　　　　　　　B.远远高于

C.等于　　　　　　　　　　D.接近

2.下列书面文件中,注册会计师认为可以作为书面声明的是（　　）。

A.明细账簿　　　　　　　　B.股东会会议记录

C.财务报表　　　　　　　　D.管理层提供的确认其责任的声明

3.如对影响会计报表的重大事项无法实施必要的审计程序,但已取得管理层当局声明,在不考虑其他因素的情况下,注册会计师应发表的审计意见是（　　）。

A.无保留意见　　　　　　　B.保留或否定意见

C.保留或无法表示意见　　　D.否定或无法表示意见

4.如果认为有必要提醒财务报表使用者关注已在财务报表中列报或披露,且根据职业判断认为对财务报表使用者理解财务报表至关重要的事项,在满足准则规定的两个条件时,注册会计师应当在审计报告中增加（　　）。

A.强调事项　　　　　　　　B.其他事项

C.关键审计事项　　　　　　D.其他信息

5. 注册会计师在对甲公司 2019 年度财务报表进行审计时,下列情况中,注册会计师应出具无保留意见审计报告并在审计报告中增加强调事项段的是（   ）。

    A. 资产负债表日的一项未决诉讼,律师认为胜负难料,一旦败诉对企业将产生重大影响,被审计单位拒绝在财务报表附注中进行披露

    B. 资产负债表日的一项未决诉讼,律师认为胜负难料,一旦败诉对企业将产生重大影响,被审计单位已在财务报表附注中进行披露

    C. 2019 年 10 月份转入不需用设备一台,未计提折旧金额为 2 万元(假定重要性水平为 10 万元),甲公司未调整

    D. 甲公司对于一项以公允价值计量的投资性房地产计提了 500 万元的折旧(假定重要性水平为 10 万元,不考虑其他因素)

6. 如果被审计单位财务报表就其整体而言是公允的,但因审计范围受到严重的局部限制,无法按照审计准则的要求取得应有的审计证据时,注册会计师应发表（   ）。

    A. 无保留意见　　　　　　　　B. 保留意见

    C. 无法表示意见　　　　　　　　D. 否定意见

7. 以下关于审计报告的叙述中,正确的是（   ）。

    A. 审计报告应该由两位注册会计师签名盖章,但其中一位必须是主任会计师

    B. 当拟在审计报告中发表非无保留意见时,注册会计师应当与治理层沟通导致拟发表非无保留意见的情况,以及拟使用的非无保留意见措辞

    C. 审计报告的日期是编写完审计报告的日期

    D. 审计报告的收件人是指被审计单位

8. 下列选项中,不属于审计报告要素的是（   ）。

    A. 审计报告后附的财务报表和附注

    B. 形成审计意见的基础

    C. 管理层对财务报表的责任

    D. 注册会计师对财务报表的责任

9. 下列哪项是指注册会计师根据职业判断认为对本期财务报表审计最为重要的事项,它一般从注册会计师与治理层沟通过的事项中选取?（   ）

    A. 强调事项　　　　　　　　B. 其他事项

    C. 关键审计事项　　　　　　　　D. 其他信息

10. 注册会计师出具任何意见类型的审计报告,都应在什么情况下加上"形成审计意见的基础",以说明所持有意见的理由?（　　　）

　　A.审计意见部分之前

　　B.注册会计师对财务报表审计的责任部分之前

　　C.审计意见部分之后

　　D.管理层和治理层对财务报表的责任部分之后

三、多选题

1. 下列各项中,通常包括在管理层声明书里的有(　　　)。

　　A.管理层确认其履行了按照适用的财务报告编制基础编制财务报表并使其实现公允反映的责任

　　B.注册会计师对财务报表的可靠程度提供绝对的保证

　　C.管理层确认其按照审计业务约定条款,已向注册会计师提供所有相关信息,并允许注册会计师不受限制地接触所有相关信息以及被审计单位内部人员和其他相关人员

　　D.管理层声明所有交易均已记录并反映在财务报表中

2. 下列有关项目合伙人复核的说法中,错误的有(　　　)。

　　A.项目合伙人复核的内容包括对关键领域所做的判断、特别风险和认为重要的其他领域的事项

　　B.所有的审计工作底稿均需要项目合伙人复核

　　C.项目合伙人对审计业务的总体质量负责

　　D.由于项目合伙人在审计的过程中工作较多,项目合伙人在出具审计报告后,对审计工作底稿进行详细的复核

3. 针对财务报表报出后知悉的事实,注册会计师采取行动的条件有(　　　)。

　　A.这类期后事项应当是在审计报告日已经存在的事实

　　B.这类期后事项应当是在财务报表报出日已经存在的事实

　　C.该事实如果被注册会计师在审计报告日前获知,可能影响审计报告

　　D.该事实如果被注册会计师在财务报表报出日前获知,可能影响审计报告

4. 在出具审计报告前,注册会计师要汇总未更正错报,评价其对审计意见的影响。下列关于未更正错报的说法中,正确的有(　　　)。

　　A.被审计单位财务报表中大于明显微小错报临界值但尚未更正的错报构成未更正错报

　　B.在评价未更正错报的影响之前,依据实际的财务结果,明显微小错报临界值可能需要调整

　　C.注册会计师应当要求管理层和治理层(如适用)提供书面声明,说明其是

否认为未更正错报单独或汇总起来对其财务报表整体的影响不重大

D. 如果收入存在高估错报,同时费用存在高估错报,则二者对损益的影响金额相互抵销后低于明显微小错报临界值,此时收入和费用的错报可以不调整

5. 如果审计在范围上受到限制,以致注册会计师不能或难以对会计报表形成恰当的审计意见时,注册会计师应根据所被限制的审计范围对会计报表整体影响程度等具体情况出具的审计报告有(　　　)。

A. 无保留意见　　　　　　　　　　B. 保留意见

C. 否定意见　　　　　　　　　　　D. 无法表示意见

6. 审计报告分为无保留意见审计报告和非无保留意见审计报告。非无保留意见审计报告包括(　　　)。

A. 否定意见的审计报告

B. 在审计报告中增加强调事项段的无保留意见审计报告

C. 无法表示意见的审计报告

D. 保留意见的审计报告

7. 注册会计师在审计报告中沟通的关键审计事项可能包括(　　　)。

A. 评估的重大错报风险较高的领域或识别出的特别风险

B. 财务报表中涉及重大管理层判断(包括被认为具有高度估计不确定性的会计估计)的领域相关的重大审计判断

C. 本期重大交易或事项对审计的影响

D. 强调事项

8. 下列哪种情况中,注册会计师应在审计报告中增加强调事项段?(　　　)

A. 资产负债表日后被审计单位发生火灾,损失重大,已在财务报表中进行了适当的披露

B. 可能无法偿还将要到期的重大债务,已有相应的措施,且已在财务报表中进行了适当的披露

C. 可能无法偿还将要到期的重大债务,已有相应的措施,但未在财务报表中进行适当的披露

D. 涉及其他注册会计师的工作,但无法复核

9. 如果认为有必要沟通虽然未在财务报表中列报或披露,但根据职业判断认为与财务报表使用者理解审计工作、注册会计师的责任或审计报告相关的事项,在同时满足下列哪些条件时,注册会计师应在审计报告中增加其他事项段?(　　　)

A. 未被法律法规禁止

B. 该事项未被确定为在审计报告中沟通的关键审计事项

C. 未列入审计报告的强调事项段中的事项

D. 未列入审计报告中其他信息的事项

10. 下列关于在审计报告中沟通的关键审计事项的说法,正确的有(　　)。

A. 注册会计师对关键审计事项单独发表意见

B. 关键审计事项是注册会计师根据职业判断,认为对本期财务报表审计最为重要的事项

C. 在审计报告中需要说明被确定为关键审计事项的原因

D. 在审计报告中需要说明关键审计事项在审计中是如何应对的

四、案例分析题

甲上市公司常年是 ABC 会计师事务所的客户,A 注册会计师负责审计甲公司 2019 年度财务报表,确定财务报表整体的重要性为 250 万元。以下是审计过程中对错报相关事项的摘录。

(1)甲公司 2019 年末非流动负债余额中包括一年内到期的长期借款 2500 万元,占非流动负债总额的 50%。A 注册会计师认为,该错报对利润表没有影响,不属于重大错报,同意管理层不予调整。

(2)甲公司为乙公司的银行借款提供全额信用担保。2019 年 11 月 1 日,乙公司因经营严重亏损,进行破产清算,无力偿还已到期的该笔银行借款。银行于 2019 年 12 月 1 日向法院起诉,要求甲公司承担连带责任,支付借款本息共计 1000 万元。甲公司咨询法律顾问后得知,甲公司很有可能败诉。对上述事实,甲公司已在 2019 年度财务报表按规定予以披露,未进行其他账务处理。A 注册会计师认为处理恰当。

(3)甲公司某项应付账款被误计入其他应付款,其金额高于财务报表整体的重要性,因此项错报不影响甲公司的经营业绩和关键财务指标,A 注册会计师同意管理层不予调整。

(4)2019 年,甲公司推出销售返利制度,并在 ERP 系统中开发了返利管理模块,A 注册会计师对甲公司某组成部分执行审计时发现,因系统参数设置有误,导致选取的测试项目少计返利 2 万元。A 注册会计师认为该错报低于明显微小错报临界值,可忽略不计。

(5)甲公司期末在建工程余额中的仓库实际已于 2019 年 6 月交付使用,A 注册会计师认为该事项属于资产负债表项目的分类错报,不影响甲公司的经营业绩,同意管理层不予调整。

要求:针对上述第(1)—(5)项,假定不考虑其他条件,指出 A 注册会计师的做法是否恰当。如不恰当,简要说明理由。

第十章
销售与收款循环审计

学 习 目 标

学完本章,你应该能够:
- 了解销售与收款循环中的主要业务活动及相关单据;
- 理解销售与收款循环的内部控制;
- 掌握销售与收款循环的控制测试;
- 掌握营业收入和应收账款的实质性程序。

导 入 案 例

虚拟道具如何确认收入

ZQ 公司是综合型的游戏开发商、发行商和运营商,目前主要业务有:移动终端及互联网页面的游戏开发、代理发行和游戏运营。由 ZQ 公司的年度报表得知,ZQ 公司主要收入来自于移动终端游戏和网页游戏。其中移动终端游戏占所有收入 85.09%,网页游戏占比 13.28%。在移动终端游戏中,ZQ 公司的强推产品为《拳皇 98 终极之战 OL》(以下简称《拳皇 98》),收入占所有游戏收入的比例达 51.22%,《拳皇 98》属于联合运营,《拳皇 98》的收费模式采用目前较为主流的虚拟道具收费模式。游戏的主要内容是玩家通过收集游戏内的角色卡牌,强化角色卡牌来进行战斗。其中需要付费获得的是名为"钻石"的道具,"钻石"可以兑换"红钻",消耗"红钻"可以获得角色卡牌,此外,"钻石"还可以购买强化角色卡牌的各种道具。而使用"钻石"购买的道具可以分为两类:

(1)消耗性道具。消耗道具是指可以被消耗掉的,或者是有时间限制,到某一个时点就会消失的道具。比如游戏中使用"钻石"兑换的体力(游戏中角色战斗需要消耗体力)、"经验可乐"(强化角色的道具)、"强化药剂"(强化角色道具)、"礼包"(使用现实货币购买,每天可以固定领取"钻石")。前三种游戏内道具属于一次消耗性道具,使用后即消失,而后一种"礼包"属于持续消耗道具,购买礼包后,30 天内每天都可以领取"钻石",可以理解成该道具持续 30 天。目前 ZQ 公司采用玩家使用"钻石"购买道具即确认收入,至于"礼包"类道具,应该按照 30 天对该收入进行摊销,但 ZQ 公司仍旧采取玩家购买"礼包"即确认收入。

(2)永久性道具。永久性道具是指不会被消耗掉,或者时间无限,永久存在于玩家道具栏中的道具。比如在《拳皇 98》中,使用"钻石"兑换"红钻"后抽卡(游戏内获得角色卡牌的方式)获得的角色卡牌就属于永久性道具。这种物品一直存在于玩家的游戏账号中,只要玩家在游戏中游玩,该物品就总是存在。按照旧准则及游戏业内规定,当玩家超过 1 年不登录游戏时,可以认为玩家不再玩此游戏,此时可以进行收入的确认,但是目前来看,移动终端市场不断推陈出新,有些游戏的寿命可能还没有 1 年,再者若玩家未曾出现超过 1 年不登录游戏的现象,那么收入确认的时点就难以把控。ZQ 公司目前以玩家使用"钻石"购买永久性道具的时点作为收入确认的时点。

请问:ZQ 公司的收入确认是否合理?

第一节　销售与收款循环的业务活动和相关内部控制

一、销售与收款循环概述

销售与收款循环是企业对外销售商品和劳务及收款的过程。主要涉及商品物资与劳务的卖出和价款的收取,其在企业的整个经营活动中占有重要地位。

根据财务报表项目与业务循环的相关程度,销售与收款循环所涉及的资产负债表项目主要有应收票据、应收账款、长期应收款、预收账款、应交税费。其所涉及的利润表项目主要有营业收入、税金及附加、销售费用等。

销售与收款循环包括接受客户订购单、批准赊销信用、根据销售单供货、按销售单发运货物、向客户开具发票、记录销售、办理和记录销售退回、销售折扣与折让、提取坏账准备等。销售与收款循环审计所涉及的资产和负债,在企业的资产负债中占有相当的比重,管理上也存在一定的难度。因此,重视和加强销售与收款循环的审计具有重要意义。

二、销售与收款循环的业务活动及相关内部控制

(一)接受客户订购单

接受客户订购单是整个销售与收款循环的起点,是购买某种货物或接受某种劳务的一项申请。

客户的订购单只有在符合企业管理层的授权标准时才能被接受。销售部门在批准客户订购单后,会编制一式多联、连续编号的销售单。

(二)批准赊销信用

赊销业务的批准是由信用管理部门根据管理层的赊销政策在每个客户已授权的信用额度内进行的,如为新客户,则需对新客户进行信用调查。无论是否批准赊销,信用管理部门都需要在销售单上签署意见,然后将销售单送回销售部门。

执行赊销信用检查时,销售部门应当与信用管理部门职责分离。设计信用批准控制的目的是降低坏账风险,因此,这些控制与应收账款账面余额的"计价与分摊"认定有关。

(三)按销售单供货

仓库管理人员在收到经过批准的销售单后编制出库单。

仓库部门必须根据经过批准的销售单供货,设置这项控制程序的目的是防止仓库在未经授权的情况下擅自发货。

(四)按销售单发运货物

发运部门必须验证从仓库提取的商品都附有相应的经批准的销售单,且销售单、发运凭证和所发运的商品相符,才能发运商品。

供货应当与发运部门员工职责分离,防止发运部门的员工在未经授权的情况下发运产品。

货物运抵指定地点后,由客户验收无误,取得其签署的发运凭证或验收单。发运凭证一式多联、连续编号。

(五)向客户开具发票

开具发票包括开具并向顾客寄送销售发票及销售清单。

员工在开具发票之前,检查是否存在相应的经批准的销售单和发运凭证,

比较发运凭证上的商品总数与相对应的销售发票上的商品总数,依据已授权批准的商品价目表开具销售发票。销售发票应事先连续编号。

(六)记录销售

企业依据有效、充分的发运凭证和销售单记录销售,登记营业收入明细账、应收账款明细账或库存现金、银行存款日记账。

记录销售的岗位应与处理销售交易的其他岗位职责分离。主营业务收入明细账由记录应收账款之外的员工独立登记。由不负责现金出纳和销售及应收账款记账的人员定期向客户寄发对账单,对不符事项进行调查。

(七)办理和记录销售退回、销售折扣与折让

客户如果对商品不满意,销售企业一般会同意在商品售出一定期限内接受退货,或给予一定的销售折让。客户如果提前付款,销售企业则可能会给予一定的销售折扣。

销售与收款内部控制

销售退回、销售折扣与折让一般须经过授权批准。销售企业应定期核查销售退回手续是否齐全,退回货物是否及时入库。

(八)提取坏账准备

企业定期对应收账款的可回收性进行评估,并基于一定的指标(例如账龄、客户的财务状况等)计提坏账准备。

三、了解销售与收款循环业务活动和相关内部控制的程序

注册会计师通常实施以下程序,了解销售与收款循环的业务活动和相关内部控制。

(1)获取并阅读被审计单位的相关业务流程图或内部控制手册等资料。

(2)询问参与销售与收款流程各业务活动的被审计单位人员,一般包括销售部门、仓储部门和财务部门的员工和管理人员。

(3)观察销售与收款流程中特定控制的运用,例如观察仓储部门人员是否以及如何将装运的商品与销售单上的信息进行核对。

(4)检查相关文件和报告,例如检查销售单、发运凭证、客户对账单等。

(5)实施穿行测试,即追踪销售交易从发生到最终被反映在财务报表中的整个处理过程。例如,选取一笔已收款的销售交易,追踪该笔交易从接受客户订购单直至收回货款的整个过程。

注册会计师通过上述程序了解销售与收款循环的内部控制,对相关控制

的设计和是否得到执行进行评价。

第二节　销售与收款循环的重大错报风险评估

一、销售与收款循环的重大错报风险

在一般制造业的赊销中,相关重大错报风险通常包括:发生的收入交易未能得到准确记录;期末收入交易和收款交易可能未计入正确的期间;应收账款坏账准备的计提不准确;等等。由于收入确认的特殊性,出于职业谨慎的考虑,中国注册会计师审计准则要求注册会计师做出收入确认存在舞弊风险的假定。下文重点说明对收入确定存在的舞弊风险的评估。

二、收入确认存在的舞弊风险

(一)舞弊风险假定

假定收入确认存在舞弊风险,并不意味着注册会计师应当将与收入确认相关的所有认定都假定为存在舞弊风险。注册会计师需要结合对被审计单位及其环境的具体了解,考虑收入确认舞弊可能如何发生。被审计单位不同,管理层实施舞弊的动机或压力不同,其舞弊风险所涉及的具体认定也不同,注册会计师需要做出具体分析。例如,管理层难以实现预期的利润目标,则可能有高估收入的动机或压力,因此,收入发生认定存在舞弊风险的可能性较大,而完整性认定则通常不存在舞弊风险;相反,如果管理层有隐瞒收入而降低税负的动机,则注册会计师需要更加关注与收入完整性认定相关的舞弊风险。

如果注册会计师认为收入确认存在舞弊风险的假定不适用于业务的具体情况,从而未将收入确认归为舞弊导致的重大错报风险领域,注册会计师应当在审计工作底稿中记录得出该结论的理由。

(二)常见的舞弊手段

(1)利用与未披露关联方之间的资金循环虚构交易。

(2)通过未披露的关联方进行显失公允的交易。例如,以明显高于其他客户的价格向未披露的关联方销售商品。

(3)通过虚开销售发票或虚构交易单据虚增收入,而将货款挂在应收账款中,并可能在以后期间计提坏账准备,或在期后冲销。

(4)为了虚构销售收入,将商品从某一地点移送至另一地点,以出库单和运输单据为依据记录销售收入。

(5)在与商品相关的风险和报酬全部转移给客户之前确认销售收入。例如,被审计单位隐瞒退货条款,在发货时全额确认销售收入。

(6)通过隐瞒售后回购协议,而将以售后回购方式发出的商品作为销售商品确认收入。

(7)在采用代理商的销售模式时,在代理商仅向购销双方提供中介服务的情况下,按照相关购销交易的总额而非净额确认收入。

(8)被审计单位为了达到报告期内降低税负或转移利润等目的,采用以旧换新的方式销售商品时,以新旧商品的差价确认收入。

(三)常见的舞弊迹象

存在舞弊迹象并不必然表明发生舞弊,但了解舞弊迹象,有助于注册会计师对审计过程中发现的异常情况保持警觉,可能存在舞弊的迹象包括以下情况:

(1)已经销售给货运代理人的商品,在期后有大量退回。

(2)在接近期末时发生了大量或大额的交易。

(3)交易之后长期不进行结算。

(4)交易标的对交易对手而言不具有合理用途。

(5)在被审计单位业务或其他相关事项未发生重大变化的情况下,询证函回函相符比例明显异于以前年度等。

三、根据重大错报风险评估结果设计进一步审计程序

注册会计师通过实施询问、观察、检查、分析程序等风险评估程序,了解被审计单位的内部控制及其他方面,进而评估重大错报风险。在此基础上,注册会计师制订实施进一步审计程序的总体方案(包括综合性方案和实质性方案),继而实施控制测试和实质性程序,以应对识别出的认定层次的重大错报风险。

第三节　销售与收款循环的控制测试

一、控制测试的基本原理

作为进一步的审计程序,控制测试并非在任何情况下都需要实施,但发生下列两种情形时,注册会计师应当实施控制测试:①在评估认定层次的重大错报风险时,预期控制的运行是有效的;②仅实施实质性程序不足以提供认定层次充分、适当的审计证据。

控制测试常用的审计程序是询问、观察、检查和重新执行,其提供的保证程度依次递增。如果在期中实施了控制测试,注册会计师应当在年末审计时就控制在剩余期间的运行情况获取证据,以确定控制是否在整个审计期间持续运行有效。

控制测试的范围取决于注册会计师需要通过控制测试获取的保证程度。

对由计算机执行的自动化控制,注册会计师除了要测试自动化应用控制的运行有效性,还需要就相关的信息技术一般控制的运行有效性获取审计证据。对利用了系统生成的信息或报告的人工控制,注册会计师除了测试人工控制,还需要就系统生成的信息或报告的可靠性获取审计证据。例如,与坏账准备相关的管理层控制中使用了系统生成的应收账款账龄分析表,其准确性影响管理层控制的有效性,因此,注册会计师需要同时测试应收账款账龄分析表的准确性。

上述有关控制测试的基本要求,就其原理而言,适用于所有循环的控制测试,因此,后文不再赘述。

二、以风险为起点的控制测试

在审计实务中,注册会计师既可以从被审计单位内部控制目标为起点进行控制测试,也可以以识别的重大错报风险为起点实施控制测试。本教材侧重阐述后者。

表 10-1 仅列示了销售与收款循环中较为常见的内部控制和相应的控制测试程序,而非全部,目的在于帮助注册会计师根据具体情况设计控制测试。在实务工作中,注册会计师需要从实际出发,设计适合被审计单位具体情况的控制测试,而非照搬此表相关内容。

表 10-1 销售与收款循环的风险、存在的控制及控制测试程序示例表

风险	相关认定	自动化控制	人工控制	内部控制测试程序
可能向没有获得赊销授权或超出信用额度的客户赊销	收入:发生应收账款:存在	同时满足以下两项才能生成销售单:(1)订购单上的客户代码与应收账款主文档记录的代码一致(2)目前未偿付余额加上本次销售额在信用限额范围内	以下情形需要经过适当授权批准,才可生成销售单:(1)不在主文档中的客户(2)超过信用额度的客户订购单	(1)询问员工销售单的生成过程(2)检查是否所有生成的销售单均有对应的客户订购单作为依据(3)检查系统生成销售单的逻辑(4)对于系统外授权审批的销售单,检查是否经过适当批准
已销售商品可能未实际发运给客户	收入:发生应收账款:存在	—	要求客户在发运凭证上签字,以作为收到商品且商品与订购单一致的证据	检查发运凭证上客户的签名,作为收货的证据
商品发运可能未开具销售发票或已开出的发票没有发运凭证的支持	应收账款:存在/完整性/权利和义务收入:发生/完整性	(1)发货后系统根据发运凭证等信息自动生成连续编号的销售发票(2)系统自动复核连续编号的发票和发运凭证的对应关系,并定期生成例外报告	复核例外报告并调查原因	(1)检查系统生成发票的逻辑(2)检查例外报告及跟进情况
销售价格不正确或发票金额出现计算错误	收入:准确性应收账款:准确性、计价和分摊	(1)通过逻辑登录限制控制定价主文档的更改。只有得到授权的员工才能进行更改(2)每张发票的单价、计算、商品代码、商品摘要和客户账户代码均由计算机程序控制。只有得到授权的员工才能进行更改	(1)核对经授权的有效的价格更改清单与计算机获得的价格更改清单是否一致(2)独立复核发票上计算金额的准确性	(1)检查文件以确定价格更改是否经过授权(2)检查发票中价格复核人员的签名(3)重新执行发票的核对过程

续　表

风险	相关认定	自动化控制	人工控制	内部控制测试程序
坏账准备的计提可能不充分	应收账款：准确性、计价和分摊	系统自动生成应收账款账龄分析表	管理层复核财务人员依据预期信用损失模型计算和编制的坏账准备计提表，复核无误后需在坏账准备计提表上签字	(1)检查财务系统计算账龄分析表的规则是否正确 (2)询问管理层如何复核坏账准备计提表的计算 (3)检查是否有复核人员的签字

【案例 10-1】　甲公司主要生产和销售汽车零部件。W 注册会计师连续三年负责审计甲公司的财务报表。在 2019 年财务报表审计中，W 注册会计师了解的相关情况、实施的部分审计程序及相关结论如下：

(1)甲公司的内部控制制度规定，应当将销售合同、发运凭证、销售单、顾客验收单和销售发票核对一致后记录收入。对该项控制，W 注册会计师预计控制偏差率为零，并抽取 25 笔交易作为样本实施控制测试，发现其中 2 笔交易没有客户验收单。管理层解释客户验收单已遗失，但属于意外情况。W 注册会计师接受了管理层的解释，认为该控制运行有效。

(2)甲公司与现金销售有关的内部控制设计合理并得到执行。W 注册会计师经询问财务经理，了解到 2019 年相关制度运行有效，未发现例外事项。W 注册会计师认为该控制运行有效。

要求：针对以上资料中所述的审计程序及相关结论，假定不考虑其他条件，逐项指出是否恰当，并简要说明理由。

第四节　销售与收款循环的实质性程序

在完成控制测试后，注册会计师基于控制测试的结果(即控制运行是否有效)，确定从控制测试中已获得的审计证据及其保证程度，确定是否需要对具体审计计划中设计的实质性程序的性质、时间安排和范围做出适当调整。例如，如果控制测试的结果表明内部控制未能有效运行，注册会计师需要从实质性程序中获取更多的相关审计证据，注册会计师可以修改实质性程序的性质，如采用细节测试而非实质性分析程序、获取更多的外部证据等，或修改实质性审计程序的范围，如扩大样本规模。本节主要介绍针对主营业务收入和应收账款的实质性程序。

一、营业收入的实质性程序

(一)营业收入的审计目标

一般来说,营业收入的审计目标包括营业收入的发生、完整性、准确性、截止、分类、列报与披露。相关内容已在第三章阐述,本章及后续的章节不再赘述。

(二)主营业务收入的实质性程序

(1)获取或编制主营业务收入明细表,复核加计是否正确,并与总账和明细账合计数核对相符。检查非记账本位币主营业务收入的折算汇率及折算金额是否正确。

(2)实施实质性分析程序。注册会计师实施主营业务收入的实质性分析程序的思路是:通过对被审计单位重要比率和收入的趋势分析,建立主营业务收入的期望值,将实际金额与期望值相比较,查明财务指标是否存在异常,有无发生异常事项。

例如,可以通过比率分析,将被审计单位年度内各期营业收入的实际数与计划数或预算数相比较;将行业毛利率与以前年度平均值相比较;分析年末最后一个月的销售额占总销售额的比率、销售折扣占赊销收入的比率以及销售退回及折让占销售额的比率等,判断有无发生异常情况。又如,可以通过趋势分析,将被审计单位营业收入变化趋势与行业趋势、经济状况相比较,将本期毛利率与上年同期毛利率、行业平均毛利率相比较,了解其变动趋势;计算本期重要产品和重要客户的销售额和毛利率,分析本期相比上期有无明显变化;分析各月销售并与以前年度及同期预算相比较,查明是否存在季度末或年末销售激增的现象。

开胃阅读

上市公司报表"美颜神技"

A 上市公司主营电子连接器和精密组件,是国内家电连接器行业领军企业。2017 年 A 上市公司的净利润为 1.48 亿元,扣除非经常性损益后的净利润为 0.64 亿元,其中 0.61 亿元来自与经营相关的政府补助;2018 年 A 上市公司的净利润为 2.46 亿元,扣除非经常性损益后的净利润为 0.1 亿元,其中

0.05 亿元来自与经营相关的政府补助。

A 上市公司自 2015 年以来的研发投入资本化率持续攀升,2015—2018 年的研发投入资本化率分别为 21.79%,46.47%,49.11%,53.81%。而同期可比公司的研发投入资本化率大部分为零,最高也仅有 11.27%。

A 上市公司 2017 年以发行股份及支付现金方式收购了 B 公司 60% 的股份,形成商誉 1.04 亿元。在这起并购中,B 公司原股东承诺 B 公司 2017—2019 年合并报表中净利润(扣除非经常性损益后)分别不低于 1.2 亿元、1.4 亿元、1.6 亿元。在 2017 年、2018 年两个业绩承诺期,B 公司净利润分别为 1.23 亿元、1.43 亿元,实现"精准达标"。

(3)检查主营业务收入确认方法是否符合企业会计准则或制度的规定。例如,交款提货情形下,注册会计师应检查被审计单位是否收到货款,以及发票和提货单是否已交付购货单位。又如,预收账款情形下,注册会计师应检查被审计单位是否收到了货款,商品是否已经发出。再如,附有销售退回条件的商品销售,如果对退货部分能做合理估计的,注册会计师应检查其是否按估计不会退货部分确认收入;如果对退货部分不能做合理估计,注册会计师应检查其是否在退货期满时确认收入。

> 【案例 10-2】 ZQ 公司鉴于消耗性道具难以预计玩家消耗具体时点,永久性道具难以确认存续时间,在道具收费模式下,以游戏玩家实际使用虚拟货币购买虚拟道具时确认收入,其会计处理如下:
>
> 借:银行存款
>
> 　贷:主营业务收入
>
> 要求:根据新收入准则,分析 ZQ 公司虚拟道具收入确认是否正确。如不正确,请做出审计调整。

(4)实施与主营业务收入的发生和完整性认定相关的审计程序。以主营业务收入明细账中的会计分录为起点,检查相关原始凭证如订购单、销售单、发运凭证、发票等,以评价已入账的主营业务收入是否真实发生。

从发运凭证中选取样本,追查至销售发票存根和主营业务收入明细账,以确定是否存在遗漏事项;注册会计师必须能够确信全部发运凭证均已归档,可以通过检查发运凭证的顺序编号来查明。

(5)实施主营业务收入的截止测试。①选取资产负债表日前后若干天的发运凭证,与主营业务收入明细账进行核对,同时,从主营业务收入明细账选取在资产负债表日前后若干天的凭证,与发运凭证核对,以确定销售是否存在跨期现象。

②复核资产负债表日前后销售和发货水平,确定业务活动水平是否异常,并考虑是否有必要追加实施截止测试程序。

③取得资产负债表日后所有的销售退回记录,检查是否存在提前确认收入的情况。

④结合对资产负债表日应收账款的函证程序,检查有无未取得对方认可的销售。

其他业务收入
实质性程序

(6)存在销售退回的,检查手续是否符合规定,结合原始销售凭证检查其会计处理是否正确,并结合存货项目审计其真实性。

(7)检查销售折扣与折让。检查相关授权批准手续是否符合规定,会计处理是否正确,并结合存货项目审计其真实性。

(8)检查主营业务收入是否在财务报表中做出恰当的列报。

二、应收账款的实质性程序

(一)获取或编制应收账款明细表

(1)复核加计是否正确,并与总账数和明细账合计数核对是否相符;结合坏账准备科目与报表数核对是否相符。

(2)检查非记账本位币应收账款的折算汇率及折算是否正确。

(3)分析有贷方余额的项目,必要时,建议做重分类调整。

(4)结合其他应收款、预收账款等往来项目的明细余额,调查有无同时挂账的项目、异常余额或销售无关的其他款项(如关联方账户、员工账户),如有,应予记录,必要时做出调整。

(二)实施分析程序分析应收账款变动及其趋势

注册会计师运用分析程序,检查涉及应收账款的相关财务指标,分析应收账款与营业收入的变动,以验证其合理性。

涉及应收账款的财务指标较多,例如应收账款周转率(次数)、应收账款账龄、坏账准备占应收账款的百分比、坏账费用占赊销净额的百分比等。注册会计师应分析这些指标,并将本期应收账款的余额与上年相比,本期期末应收账款占本期销售额的比例与上年期末相比,或本期赊销收入净额占平均应收账款金额的比率与上年相比,以了解其变动趋势;同时,将其与管理层考核指标、同行业同期相关指标对比,以检查有无重大异常或不合常规的变动情况,从而确定进一步审核的重点。

(三)检查应收账款账龄分析是否正确

(1)获取应收账款账龄分析表,进行逻辑测试。(见表10-2)

表 10-2　应收账款账龄分析表

年　　　月　　　日　　　货币单位：

客户名称	账龄			
	1 年以内	1—2 年	2—3 年	3 年以上
合计				

(2)从账龄分析表中抽取一定数量的项目,追查至相关销售原始凭证,测试账龄划分的准确性。

(3)了解和评估应收账款的可收回性,结合应收账款账龄分析表检查坏账准备的计提数。

(四)对应收账款实施函证程序

1.函证的范围和对象

注册会计师应当对应收账款进行函证,除非有充分证据表明应收账款对被审计单位财务报表而言是不重要的,或者函证很可能是无效的。如果注册会计师不对应收账款进行函证,应当在审计工作底稿中说明理由。如果认为函证很可能是无效的,注册会计师应当实施替代审计程序,获取相关的、可靠的审计证据。

函证范围取决于应收账款在全部资产中的重要程度、被审计单位内部控制的有效性、以前期间的函证结果等诸多因素。例如,应收账款在全部资产中所占的比重较大,被审计单位相关内部控制有缺陷,以前期间函证中发现过重大差异,或欠款纠纷较多,则应扩大函证范围。

一般情况下,以下项目应作为函证对象:大额或账龄较长的项目、与债务人发生纠纷的项目、关联方项目、主要客户(包括关系密切的客户)项目、交易频繁但期末余额较小甚至为零的项目,及可能产生重大错弊的非正常项目。

2.函证的方式

注册会计师可采用积极的或消极的函证方式实施函证,也可将两种方式结合使用。由于应收账款通常存在高估风险,且与之相关的收入确认存在舞弊风险假定,因此,实务中通常对应收账款采用积极的函证方式。

3.函证时间的选择

审计实务中,注册会计师通常以资产负债表日为截止日,在资产负债表日后适当时间函证。如果重大错报风险评估为低水平,注册会计师可选择资产负债表日前的适当日期为截止日实施函证,并对所函证项目自该截止日起至资产负债表日发生的变动实施其他实质性程序。

4.函证的控制

注册会计师通常利用被审计单位提供的应收账款明细账户名称及客户地址等资料据以编制询证函,但注册会计师应当对函证全过程保持控制,并对确定需要确认或填列的信息、选择适当的被询证者、设计询证函以及发出和跟进(包括收回)询证函保持控制。

注册会计师可通过函证结果汇总表的形式对询证函的收回情况加以汇总。

5.对不符事项的处理

对回函中出现的不符事项,注册会计师需要调查核实原因,确定其是否构成错报。注册会计师不能仅通过询问被审计单位相关人员了解不符事项的性质和原因得出结论,而是要在询问原因的基础上,检查相关的原始凭证和文件资料并予以证实。必要时与被询证方联系,获取相关信息和解释。

对于应收账款而言,登记入账的时间不同而产生的不符事项主要表现为:

(1)客户已经付款,被审计单位尚未收到货款。

(2)被审计单位的货物已经发出并已做销售记录,但货物仍在途中,客户尚未收到货物。

(3)客户由于某种原因将货物退回,而被审计单位尚未收到。

(4)客户对收到的货物的数量、质量及价格等方面有异议而全部或部分拒付货款等。

6.对未回函项目实施替代程序

如果未收到被询证方的回函,注册会计师应当实施替代审计程序,例如:

(1)检查资产负债表日后收回的货款,注册会计师不能仅查看应收账款的贷方发生额,还要查看相关的收款单据,以证实付款方确为该客户且确与资产负债表日的应收账款相关。

(2)检查相关的销售合同、销售单、发运凭证等文件。注册会计师需要根

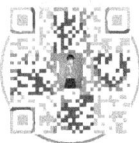

据被审计单位的收入确认条件和时点,确定能够证明收入发生的凭证。

(3)检查被审计单位与客户之间的往来邮件,如有关发货、对账、催款等事宜的邮件。

7.检查应收账款是否在财务报表中做出恰当的列报。

除了企业会计准则要求的披露之外,如果被审计单位为上市公司,注册会计师还要评价其披露是否符合证券监管部门的特别规定。

复习题

一、判断题

( )1.对主营业务收入实施截止测试,其目的主要在于确定主营业务收入的会计记录归属期是否正确。

( )2.注册会计师应当根据应收账款函证的回函结果考虑风险评估及控制测试的结论是否适当,考虑是否需要追加审计程序,并推断全部应收账款的错报情况。

( )3.采用否定式函证的成本较低,但是否定式函证结果的可靠性较差。

( )4.以账簿记录为起点的截止期测试方法主要是为了防止低估主营业收入(真实性)。

( )5.销货通知单是运输部门发运的依据,也是登记存货账和开具发票的依据。

( )6.应收账款询函证可以由被审计单位编制和寄发,也可以由注册会计师利用被审计单位的资料编制并寄发。

( )7.由于收入确认的特殊性,中国注册会计师审计准则要求注册会计师做出收入确认存在舞弊风险的假定。

( )8.对于未曾发货却将销售交易登记入账的情况,注册会计师可以从主营业务收入明细账中抽取几笔,追查有无发运凭证及其他凭证。

( )9.分析应收账款账龄,可以了解应收账款的可收回性,但不能以此确定坏账准备计提是否充分。

( )10.无论被审计单位采用何种方式销售商品,注册会计师都不应认可其在没有收到货款的情况下确认主营业务收入。

二、单选题

1.下列认定中,与销售信用批准控制相关的是(   )。

A.准确性、计价和分摊   B.发生

C.权利和义务   D.完整性

2.以下关于销售与收款循环的内部控制中,注册会计师小李认为与营业收入

的发生认定直接相关的是（　　）。

A. 赊销业务须经信用管理部门审批

B. 仓储部门收到经审批的销售单后才能安排供货

C. 开票人员无权修改系统中已设置好的商品价目清单

D. 财务人员根据销售单、客户签收单和销售发票确认收入

3. 下列关于应收账款函证的说法中错误的是（　　）。

A. 如果不函证，应当在工作底稿中说明理由

B. 积极式函证无效时应当采用消极式函证

C. 有充分证据表明应收账款对报表不重要时可以不函证

D. 注册会计师认为函证很可能无效时可以不函证

4. 对应收账款实施函证程序的目的是（　　）。

A. 确定应收账款的真实性和期末余额的正确性

B. 确定应收账款的可收回性

C. 确定应收账款的总体合理性

D. 确定应收账款是否全部入账

5. 针对下列函证程序的替代程序，最有效的是（　　）。

A. 实施实质性分析程序　　　　　B. 检查与应收账款对应的发运凭证

C. 询问被审计单位管理层　　　　D. 重新实施控制测试

6. 应收账款实施函证的时间通常为（　　）。

A. 被审计年度期初　　　　　　　B. 被审计年度期中

C. 与资产负债表日接近的时间　　D. 资产负债表日后适当时间

7. 对主营业务收入执行实质性分析程序，如果收入预期值与预算数（或上期数）的差异额超过可接受的差异额，则需要针对哪项展开调查并获取充分的解释和恰当的佐证审计证据？（　　）

A. 可接受的差异额　　　　　　　B. 差异额的全额

C. 仅针对超出可接受差异额的部分　D. 收入的预期值

8. 应收账款函证的签章应当是下列哪项的章？（　　）

A. 被审计单位　　　　　　　　　B. 会计师事务所

C. 注册会计师　　　　　　　　　D. 被审计单位的律师

9. 注册会计师检查销售发票时，不需要核对的是（　　）。

A. 相关的销售单　　　　　　　　B. 相关的顾客订单

C. 相关的货运文件　　　　　　　D. 有关往来函件

10. 销售与收款循环所涉及的财务报表项目不包括( )。

    A. 销售费用   B. 营业收入

    C. 应交税费   D. 所得税费用

三、多选题

1. 以下关于销售与收款循环中各业务活动和相关认定的说法中,注册会计师认为正确的有( )。

    A. 财务部门正确编制应收账款账龄分析表,与应收账款的存在认定直接相关

    B. 会计主管人员检查向客户开具的销售发票是否连续编号,与营业收入的发生认定直接相关

    C. 会计主管人员按照客户验收单载明的日期进行收入确认,与营业收入的截止认定直接相关

    D. 开具账单部门依据已批准的商品价目表开具销售发票,与营业收入的准确性认定直接相关

2. 下列各项审计程序中,可以为营业收入发生认定提供审计证据的有( )。

    A. 从营业收入明细账中选取若干记录,检查相关原始凭证

    B. 对应收账款余额实施函证

    C. 检查应收账款明细账的贷方发生额

    D. 调查本年新增客户的工商资料、业务活动及财务状况

3. 控制测试中采用的审计程序有( )。

    A. 观察   B. 询问

    C. 检查   D. 重新执行

4. 销售交易审计中可能实施的实质性分析程序有( )。

    A. 分析销售额与产能、销售费用、动力消耗等相关数据的关系是否合理

    B. 分析营业收入、赊销金额、销售收现三者的关系是否合理,与上期比较有无重大波动

    C. 比较前后期间的销售额有无异常波动

    D. 分析毛利率等重要财务比率的水平是否合理

5. 下列控制活动中可以合理保证交易入账完整性的有( )。

    A. 接触控制   B. 授权批准控制

    C. 凭证连续编号   D. 独立稽核

6. 应收账款审计的重要实质性程序有( )。

    A. 获取或编制应收账款明细表

    B. 分析应收账款账龄

    C. 对未回函及未函证项目实施替代审计程序

D. 函证

7. 下列各项中可以作为应收账款函证替代程序的有(　　)。

　　A. 检查应收账款明细账记录的完整性

　　B. 检查期后收款的情况

　　C. 确认销售相关原始凭证的真实性

　　D. 检查与销售相关的原始凭证、销售合同等

8. 下列内部控制中,与应收账款的计价和分摊认定相关的有(　　)。

　　A. 销售交易是以经过审核的发运凭证及经过批准的客户订购单为依据登记入账的

　　B. 从价格清单主文档获取销售单价

　　C. 销售价格、付款条件、运费和销售折扣的确定已经适当地授权批准

　　D. 每月末由独立人员对销售部门的销售记录、发运部门的发运记录和财务部门的销售交易入账情况做内部核查

9. 一般情况下,注册会计师应选择(　　)作为函证对象。

　　A. 可能产生舞弊的非正常的项目

　　B. 交易频繁但期末余额较小甚至余额为零的项目

　　C. 大额或账龄较长的项目

　　D. 可能产生重大错报的非正常的项目

10. 在确定函证数量时,需要考虑的因素有(　　)。

　　A. 被审计单位内部控制的强弱

　　B. 应收账款在全部资产中的重要性

　　C. 以前期间的函证结果

　　D. 被审计单位的要求

四、案例分析题

1. 甲公司相关内部控制摘录如表 10-3 所示,假定不考虑其他条件,逐项指出所列控制的设计是否存在缺陷。如认为存在缺陷,请说明理由。

表 10-3　甲公司内部控制设计表(部分)

序号	风险	控制
(1)	向客户提供过长的信用期而增加坏账损失风险	客户的信用期由信用管理部审核批准,如长期客户临时申请延长信用期,由销售部经理批准
(2)	已记账的收入未发生或不准确	财务人员将经批准的销售订单、客户签字确认的发运凭单及发票所载信息相互核对无误后,编制记账凭证(附上述单据),经财务部经理审核后入账

续　表

序号	风险	控制
(3)	应收账款记录不准确	每季度末,财务部向客户寄送对账单,如客户未及时回复,销售人员需要跟进,如客户回复表明差异超过该客户欠款余额的 5%,则进行调查

2. 注册会计师对甲公司 2019 年度财务报表进行审计,该公司提供了以下资料和信息。

(1)公司坏账准备按账龄分析法计提。坏账准备计提比例见表 10-4。

表 10-4　坏账准备计提比例表

1 年以内(含 1 年)	1—2 年(含 2 年)	2—3 年(含 3 年)	3 年以上
0.5%	1%	10%	20%

(2)资产负债表中应收账款的年末数为 278.6 万元。

(3)2019 年 12 月 31 日应收账款明细账借方余额合计数为 400 万元,贷方余额合计数为 80 万元。

(4)坏账准备——应收账款明细账贷方余额为 41.4 万元。

(5)2019 年 12 月 31 日应收账款余额账龄分析如表 10-5 所示。

表 10-5　应收账款账龄分析表

单位:万元人民币

顾客名称	期末余额	账龄			
		1 年以内	1—2 年	2—3 年	3 年以上
A	120	120			
B	50				
C	100		50		
D	130			100	
E	−80	−80			130
合计	320	40	50	100	130

假定应收账款账龄划分无误。

要求:分析该公司坏账准备计提是否正确,资产负债表中应收账款项目列报是否正确。

第十一章
采购与付款循环审计

学 习 目 标

学完本章,你应该能够:

- 了解采购与付款循环中的主要业务活动及相关单据;
- 理解采购与付款循环的内部控制;
- 掌握采购与付款循环的控制测试;
- 掌握应付账款、固定资产、管理费用的实质性程序。

导 入 案 例

美国巨人零售公司审计案

美国巨人零售公司是一家大型零售折扣公司,创建于 1959 年。公司在 12 年内迅速发展,到了 1971 年,已成为一家拥有 112 家零售批发商店的公司。但就在这一年,巨人公司为了掩盖重大经营损失,决定篡改会计记录,把 1971 年 250 万美元的经营损失篡改为 150 万美元的收益,并提高与之相关的流动比率和周转率。

罗斯会计师事务所担任巨人零售公司 1972 年年报[①]的审计工作,签发了无保留意见的审计报告。但 1973 年年初,罗斯会计师事务所撤回了其签发的无保留意见审计报告。1973 年 8 月,巨人零售公司向波士顿法院提交破产申请。

根据法庭查证,巨人零售公司蓄意调整 1972 年 1 月 29 日结束的会计年度的应付账款余额的情况如下表所示:

相关方	应付账款减少金额(万美元)	应付账款减少的理由
1100 家广告商	30	以前未入账的预付广告费用
米尔布鲁克公司	25.7	商品退回;总购折扣;优惠折扣

---

① 巨人零售公司 1971 年会计年度为 1971 年 1 月 30 日至 1972 年 1 月 29 日。

续　表

相关方	应付账款减少 金额（万美元）	应付账款减少的理由
罗斯盖尔公司	13	商品退回
健身器材公司	17	以前购买货物索价过高
健美新产品制造商	16.3	商品退回

巨人零售公司舞弊行为与罗斯会计师事务所行为列示如下：

1.巨人零售公司虚构了1100家广告商名单，记载着巨人零售公司曾向它们预付广告费但并未入账。罗斯会计师事务所抽取了24个样本进行函证，并要求巨人零售公司提供另外20笔未入账的费用证明文件。询证函回函中有4家广告商指出广告费错误，但罗斯会计师事务所未进一步追查，而是确认了巨人零售公司预付的30万美元的广告费。

2.巨人零售公司伪造了28份虚假的贷方通知单（红字发票），依次来抵减米尔布鲁克公司的应付账款25.7万美元。审计师注意到这些贷项通知单，询问了相关人员，得到三个不同的解释。为此，审计师要求向米尔布鲁克公司求证。巨人零售公司的财务副总裁当着审计师的面给一个声称为米尔布鲁克公司总裁的人打电话，确认了此事，并同意递交一份书面证明给罗斯会计师事务所。但若干日后，对方反悔。因此，审计师写了一份备忘录附在工作底稿中，对贷项通知单的真实性提出质疑。但负责复核的事务所合伙人却认为已经收集到充分的证据，可以证实贷项通知单的真实性。

3.巨人零售公司又用类似的伎俩骗过了会计师事务所对罗斯盖尔公司13万美元的贷项通知单的审计。

4.巨人零售公司虚构了几百家索价过高的供应商，减少应付账款17万美元。审计师调查这些问题时，随意抽取了几个供应商，求证索价过高是否真实。但是，在15个电话求证过程中，审计师居然允许巨人零售公司先与供应商沟通此事，再打电话确认。审计师据此有限的测试接受了巨人零售公司因索价过高而抵减应付账款的理由。

5.巨人零售公司伪造了发给健美新产品制造商的贷项通知单，用根本没有被确认的16.3万美元的商品退回来减少应付账款。

1978年巨人零售公司的四位管理者被陪审团以舞弊罪起诉。同时，证券交易委员会要求对罗斯会计师事务所的审计程序进行一次大规模的检查。

讨论：本例中有哪些无效的应付账款审计程序？应付账款函证时应注意哪些问题？

第一节　采购与付款循环的业务活动和相关内部控制

一、采购与付款循环概述

采购与付款循环是企业对外购置商品和劳务及付款的过程,主要涉及原材料、物料用品、加工劳务以及机器设备等固定资产的购进和价款的支付。

根据财务报表项目与业务循环的相关程度,采购与付款循环所涉及的资产负债表项目主要有预付账款、固定资产、在建工程、工程物资、固定资产清理、无形资产、开发支出、商誉、长期待摊费用、应付票据、应付账款和长期应付款等。

采购与付款循环包括制订采购计划、供应商认证及信息维护、请购商品和劳务、编制订购单、验收商品、储存已验收的商品、编制付款凭单、确认与记录负债等诸多环节,涉及业务广、相关账户多,对此审计需要花费较多的时间和人力。采购与付款循环审计所涉及的资产和负债,在企业的资产负债中占有相当的比重,管理上也存在一定的难度。因此,重视和加强采购与付款循环的审计具有重要的意义。

二、采购与付款循环的业务活动和相关内部控制

(一)制订采购计划

基于企业的生产经营计划,生产、仓库等部门定期编制采购计划,经部门负责人等适当的管理人员审批后提交采购部门。

(二)供应商认证及信息维护

企业对合作的供应商事先进行资质等审核,将通过审核的供应商信息录入系统,形成完整的供应商清单,并及时对其信息变更进行更新。

采购部门只能向通过审核的供应商进行采购。

(三)请购商品和劳务

生产部门、仓库部门和其他部门对所需要购买的商品或劳务编制请购单,请购单可手写或计算机编制。

由于企业内不少部门都可以填列请购单,因此请购单不便预先编号,企业可以分部门设置请购单的连续编号,每张请购单必须经过对这类支出预算负责的主管人员签字批准。

(四)编制订购单

采购部门在收到请购单后,只能对经过恰当批准的请购单发出订购单。订购单应正确填写所需商品名、数量、价格、厂商名称和地址等。

对每张订购单,采购部门应货比三家,确定最佳的供应来源,对大额、重要的采购项目,应采取竞价方式来确定供应商,以保证供货的质量、及时性和成本的低廉。采购部门询价与确定供应商应当职责分离。订购单应预先按顺序编号并经过被授权的采购人员签名,其正联应送交供应商,副联则送至企业内部的验收部门、应付凭单部门和编制请购单的部门。随后,应独立检查订购单的处理,以确定是否确实收到商品并正确入账。

(五)验收商品

验收部门应比较所收商品与订购单上的要求是否相符,并检查商品有无损坏。

验收后,验收部门编制一式多联、预先按顺序编号的验收单,其中的一联验收单送交应付凭单部门。验收人员将商品送交仓库或其他请购部门时,应取得经过签字的收据,或要求其在验收单的副联上签收确认。定期独立检查验收单的顺序以确定每笔采购交易都已编制凭单。采购与验收应当职责分离。

(六)储存已验收的商品

将已验收的商品入库保管。已验收商品的保管与采购的其他职责应当相分离。存放商品的仓储区应相对独立,限制无关人员接近。

(七)编制付款凭单

记录采购交易之前,应付凭单部门应核对订购单、验收单和卖方发票的一致性并编制付款凭单。

付款凭单预先顺序编号,由被授权人员在凭单上签字,以示批准照此凭单要求付款。

(八)确认与记录负债

在人工系统下,应将已批准的未付款凭单送达会计部门,据以编制有关记账凭证和登记有关账簿。

会计主管通过定期核对编制记账凭证的日期与凭单副联的日期,监督入账的及时性。记录现金支出的人员不得经手现金、有价证券和其他资产。独立检查人员定期与供应商对账。对于每月末尚未收到供应商发票的情况,则需根据验收单和订购单暂估相关的负债。

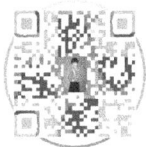

采购与付款内部控制

【案例 11-1】 在某机械厂 2019 年财务报表审计中,W 注册会计师了解到如下情况。

(1)供应部门设立两个小组,第一组负责决定请购、审批、询价并确定供应商,第二组负责采购、验收;财务部负责付款并进行会计处理。

(2)由于长期的业务关系,第一组收到"关系户"(此时出现产品库存超标,因此要求机械厂采购)的采购邀请,考虑到平时关系不错,因此第一组决定采购 100 吨钢材。第二组采购员发现第一组人员可能获得个人私利,因此心理不平衡,在采购途中将购入的 20 吨钢材私自低价转卖 2 吨,获利 3000 元,并以其他地方钢材便宜为由从其他供应商购入 30 吨。

(3)采购过程中有一供应商宣称,可以向机械厂提供特殊合金材料,50 吨钢材的价钱可以购买该合金 40 吨,而 40 吨合金可以充当 80 吨钢材使用。采购员信以为真,就用准备购买 50 吨钢材的款项购入 40 吨合金,然后办理正常验收入库手续。后来在使用中发现,该合金根本只能发挥相当于 45 吨钢材的用途。

要求:说明机械厂在采购控制中存在的问题,及正确的做法。

三、了解采购与付款循环业务活动和相关内部控制的程序

注册会计师通常实施以下程序,了解采购与付款循环的业务活动和相关内部控制。

(1)获取并阅读被审计单位的相关业务流程图或内部控制手册等资料。

(2)询问各部门的相关人员,例如,注册会计师可以询问采购部门的人员,了解采购流程;也可以询问仓库人员,了解入库的流程;还可以询问会计部门的人员,了解有关账务处理流程。

(3)观察操作流程,例如观察入库流程、账务处理流程等。

(4)检查相关文件和报告,例如订购单是否按顺序编号,是否有相关人员签字。

(5)实施穿行测试,例如,选取一笔已付款的采购交易,追踪该笔交易从请

购处理、订购单的编制、商品验收并储存、付款凭单编制至负债的确认与记录的整个过程。

注册会计师通过上述程序了解采购与付款循环的内部控制,对相关控制的设计和是否得到执行进行评价。

第二节　采购与付款循环的重大错报风险

一、采购与付款循环存在的重大错报风险因素

(一)低估负债或相关准备

在承受反映较高盈利水平和营运资本的压力下,被审计单位管理层可能试图低估应付账款等负债或资产相关准备,包括低估对存货计提的跌价准备。重大错报风险常集中体现在:

(1)遗漏交易,如不计提已收取货物但尚未收到发票的采购相关的负债。

(2)采用不正确的费用支出截止期,例如,将本期的支出延迟到下期确认。

(3)将应当及时确认损益的费用性支出资本化,然后通过资产的逐步摊销予以消化等。

(二)管理层错报负债、费用支出的偏好和动因

被审计单位管理层可能为了完成预算,满足业绩考核要求,融资、吸引潜在投资者、影响公司股价等,通过操纵负债和费用的确认控制损益。

(1)平滑利润。通过多计准备或少计负债和准备,把损益控制在被审计单位管理层的预期。

(2)利用特别目的实体把负债从资产负债表中剥离,或利用关联方间的费用定价优势制造虚假的收益增长趋势。

(3)被审计单位管理层把私人费用计入企业费用。

(三)舞弊和盗窃的固有风险

(1)采购商品的数量及支付的款项庞大,交易复杂,容易造成商品发运错误,员工和客户发生舞弊和盗窃的风险较高。

(2)通过在应付账款主文档中擅自添加新的账户来虚构采购交易。

此外,被审计单位费用支出的复杂性,可能导致费用支出分配或计提错

误;采购涉及外币交易,可能由于采用不恰当的外币汇率而导致采购记录出现差错;采购涉及运费、报销费和关税等相关税费,可能存在相关税费未能正确分摊的风险。

二、根据重大错报风险评估结果设计进一步审计程序的总体方案

注册会计师通过实施询问、观察、检查、分析程度等风险评估程序,了解被审计单位的内部控制及其他方面,进而评估重大错报风险。在此基础上,注册会计师设计进一步审计程序的总体方案(包括综合性方案和实质性方案),继而实施控制测试和实质性程序,以应对识别出的重大错报风险。

第三节　采购与付款循环的控制测试

在已识别的重大错报风险的基础上,注册会计师选取拟测试的控制并实施控制测试。以下举例说明几种常见的采购与付款循环的内部控制以及注册会计师相应可以实施的控制测试程序。(见表 11-1)

表 11-1　采购与付款循环的风险、存在的控制及控制测试程序示例表

可能发生错报的环节	相关的财务报表项目及认定	存在的内部控制示例(自动)	存在的内部控制示例(人工)	内部控制测试程序示例
新增供应商或供应商信息变更未经恰当的认证	存货:存在 其他费用:发生 应付账款:存在	采购订单上的供应商代码必须在系统供应商清单中存在匹配的代码,才能生效并发送供应商	复核人复核并批准每一对供应商数据的变更请求,包括供应商地址或银行账户的变更以及新增供应商等	(1)询问复核人复核供应商数据变更请求的过程 (2)抽样检查变更需求是否有相关文件支持及有复核人的复核确认 (3)检查系统中采购订单的生成逻辑
采购订单与有效的请购单不符	存货:存在/准确性、计价和分摊 其他费用:发生/准确性 应付账款:存在/准确性、计价和分摊	—	(1)复核人复核采购订单是否有经适当权限人员签署的请购单支持 (2)复核人确认采购订单的价格与供应商协商一致且该供应商已通过审批	(1)询问复核人复核采购订单的过程,包括复核人提出的问题及其跟进记录 (2)抽样检查采购订单是否有对应的请购单及复核人签署确认

可能发生错报的环节	相关的财务报表项目及认定	存在的内部控制示例(自动)	存在的内部控制示例(人工)	内部控制测试程序示例
接收了缺乏有效采购订单或未经验收的商品	应付账款:存在/完整性 存货:存在/完整性 其他费用:发生/完整性	入库确认后,系统生成连续编号的入库单	收货人员只有完成以下程序后才能在系统中确认商品入库: (1)检查是否存在有效的采购订单 (2)检查是否存在有效的验收单 (3)检查收到货物的数量是否与发货单所载一致	(1)检查系统入库单编号的连续性 (2)询问收货人员的收货过程,抽样检查入库单是否有对应一致的采购订单及验收单
临近会计期间末的采购未被记录在正确的会计期间	应付账款:存在/完整性 存货:存在/完整性 其他费用:发生/完整性	系统每月末生成包含所有已收货但相关发票未录入系统货物信息的例外报告	复核人复核该例外报告中的项目,确定采购是否被记录在正确的期间以及负债计提是否有效	(1)检查系统例外报告的生成逻辑 (2)询问复核人对报告的复核过程,核对报告中的采购是否计提了相应负债,检查复核人的签署确认
批准付款的发票上存在价格、数量错误或劳务尚未提供的情形	应付账款:完整性/准确性、计价和分摊 存货成本:完整性/准确性、计价和分摊	当入库单录入系统后,系统将其与采购订单进行核对。当发票录入系统后,系统将其详细信息与采购订单及入库单进行核对。对不符事项生成例外报告	负责应付账款且无职责冲突的人员负责跟进例外报告中的所有项目。仅当不符信息从例外报告中消除后才可以付款	(1)检查系统报告的生成逻辑 (2)与复核人讨论其复核过程,抽样选取例外报告。检查是否存在复核的证据、复核人提出问题的跟进是否适当等 (3)抽样选取采购发票,检查与入库单和采购订单所记载的价格、供应商、日期、描述及数量是否一致

第四节 采购与付款循环的实质性程序

一、应付账款的实质性程序

与应收账款审计不同,应付账款审计主要是为了查明债务入账的完整性,审查有无隐匿负债或利用应付款项调整利润的情况。

(一)获取或编制应付账款明细表

(1)复核加计正确,并与报表数、总账数和明细账合计数核对是否相符。

(2)检查非记账本位币应付账款的折算汇率及折算是否正确。

(3)分析出现借方余额的项目,查明原因,必要时,做重分类调整。

(4)结合预付账款等往来项目的明细余额,调查有无同时挂账的项目、异常余额或购货无关的其他款项(如关联方账户、员工账户),如有,应予记录,必要时做出调整。

(二)函证应付账款

(1)注册会计师应向企业的采购部门索取本期卖方(供应商)相关清单,确定函证对象并对有关应付账款账户进行函证。进行函证的账户包括应付账款金额较大、欠账时间较长的账户;账证不符、余额为零、往来频繁、变动很大的账户;与被审计单位正常业务无关的异常项目的账户;等等。

(2)注册会计师应当对询证函保持控制,包括确定需要确认或填列的信息、选择适当的被询证者、设计询证函,还包括正确填列被询证者的姓名和地址,及被询证者直接向注册会计师回函的地址等信息,必要时再次向被询证者寄发询证函等。

(3)将询证函余额与已记录金额相比较,如存在差异,检查支持性文件。

(4)对于未做回复的函证实施替代程序:如检查付款文件(现金支出、电汇凭证和支票复印件)、相关的采购文件(采购订单、验收单、发票和合同)或其他适当文件。

小 贴 士

应付账款的函证不是必须执行的审计程序。首先,注册会计师可获得相关的外部凭证来证实应付账款的余额,如购货发票、每月的卖方对账单等;其次,函证不能保证查出未记录的应付账款。但是,如果应付账款的重大错报风险比较高,某应付账款明细账户金额较大,则应进行应付账款的函证。

(三)检查应付账款是否计入了正确的会计期间,是否存在未入账的应付账款

(1)对本期发生的应付账款增减变动,检查至相关支持性文件,确认会计处理是否正确。

(2)检查资产负债表日后应付账款明细账贷方发生额的相应凭证,关注其验收单、购货发票的日期,确认其入账时间是否合理。

(3)获取并检查被审计单位与其供应商之间的对账单以及被审计单位编制的差异调节表,确定应付账款金额的准确性。

(4)针对资产负债表日后付款项目,检查银行对账单及有关付款凭证(银行汇款通知、供应商收据等),询问被审计单位内部或外部的知情人员,查找有无未及时入账的应付账款。

(5)结合存货监盘程序,检查被审计单位在资产负债日前后的存货入库资料(验收报告或入库单),检查相关负债是否计入了正确的会计期间。

应付账款工作底稿参考格式

(四)检查长期持账的应付账款

检查应付账款长期挂账的原因并做出记录,检查其对确实无须支付的应付款的会计处理是否正确。

(五)检查应付账款列报

检查应付账款是否在财务报表中做出恰当的列报。

【案例 11-2】 W 注册会计师负责审计甲公司 2019 年度财务报表。审计工作底稿中与负债审计相关的部分内容摘录如下:

(1)为查找未入账的应付账款,W 注册会计师检查了资产负债表日后应付账款明细账贷方发生额的相关凭证,并结合存货监盘程序,检查了甲公司资产负债表日前后的存货入库资料,结果令人满意。

(2)甲公司有一笔账龄三年以上、金额重大的应付账款,因 2019 年未发生变动,W 注册会计师未实施进一步的审计程序。

(3)甲公司应付账款年末余额有 550 万元,W 注册会计师认为应付账款存在低估风险,选取了年末余额合计为 480 万元的两家主要供应商实施函证,未发现差异。

要求:针对上述第(1)—(3)项,逐项指出 W 注册会计师的做法是否恰当。如不恰当,简要说明理由。

二、固定资产的实质性程序

(一)获取或编制固定资产及累计折旧分类汇总表、固定资产明细表

复核加计是否正确,并与总账数和明细账数核对是否相符,结合累计折旧和固定资产减值准备与报表数核对是否相符。

(二)实质性分析程序

(1)基于对被审计单位及其环境的了解,通过进行以下比较,考虑有关数据间关系的影响,建立有关数据的期望值。

①分类计算本期计提折旧额与固定资产原值的比率,并与上期比较。

②计算固定资产修理及维护费用占固定资产原值的比例,并进行本期各月、本期与以前各期的比较。

(2)确定可接受的差异额。

(3)将实际情况与期望值相比较,识别需要进一步调查的差异。

(4)如果其差额超过可接受的差异额,调查并获取充分的解释和恰当的佐证审计证据(例如检查相关的凭证)。

(三)实地检查重要固定资产

如为首次接受审计,应适当扩大检查范围,确定其是否存在,关注是否存在已报废但仍未核销的固定资产。

(四)检查固定资产的所有权或控制权

对各类固定资产,获取、收集不同的证据以确定其是否归被审计单位所有:对外购的机器设备等固定资产,审核采购发票、采购合同等;对房地产类固定资产,查阅有关的合同、产权证明、财产税单、抵押借款的还款凭据、保险单等书面文件;对融资租入的固定资产,检查有关融资租赁合同;对汽车等运输设备,检查有关运营证件等;对受留置权限制的固定资产,结合有关负债项目进行检查。

(五)检查本期固定资产的增减变动

1.检查本期固定资产的增加

(1)询问管理层当年固定资产的增加情况,并与获取或编制的固定资产明

细表进行核对。

(2)检查本年度增加固定资产的计价是否正确,手续是否齐备,会计处理是否正确。

①对于外购固定资产,通过核对采购合同、发票、保险单、发运凭证等资料,抽查测试其入账价值是否正确,授权批准手续是否齐备,会计处理是否正确;如果购买的是房屋建筑物,还应检查契税的会计处理是否正确;检查分期付款购买固定资产入账价值及会计处理是否正确。

②对于在建工程转入的固定资产,应检查固定资产确认时点是否符合会计准则的规定。

2.检查本期固定资产的减少

(1)结合固定资产清理科目,抽查固定资产账面转销额是否正确。

(2)检查出售、盘亏、转让、报废或毁损的固定资产是否经授权批准,会计处理是否正确。

(3)检查因修理、更新改造而停止使用的固定资产的会计处理是否正确。

(4)检查投资转出固定资产的会计处理是否正确。

(5)检查债务重组或非货币性资产交换转出固定资产的会计处理是否正确。

(6)检查其他减少固定资产的会计处理是否正确。

(六)检查累计折旧的适当性与正确性

(1)获取或编制累计折旧分类汇总表,复核加计正确,并与总账数和明细账合计数核对。

(2)检查被审计单位制定的折旧政策和方法是否符合相关会计准则的规定,确定其所采用的折旧方法能否在固定资产预计使用寿命内合理分摊其成本,前后期是否一致,预计使用寿命和预计净残值是否合理。

(3)复核本期折旧费用的计提和分配。

①了解被审计单位的折旧政策是否符合规定,计提折旧范围是否正确,确定的使用寿命、预计净残值和折旧方法是否合理;如采用加速折旧法,是否取得批准文件。

②检查被审计单位折旧政策前后期是否一致。

固定资产工作
底稿参考格式

(七)检查固定资产列报

检查固定资产是否已在财务报表中做出恰当列报。

三、管理费用的实质性程序

管理费用的审计目标一般包括:利润表中记录的管理费用是否已发生,且与被审计单位有关(发生认定);所有应当记录的管理费用是否均已记录(完整性认定);与管理费用有关的金额及其他数据是否已恰当记录(准确性认定);管理费用是否已记录于正确的会计期间(截止认定);管理费用是否已记录于恰当的账户(分类认定);管理费用是否已在财务报表中做出恰当的列报(列报认定)。

(1)获取或编制管理费用明细表。

①复核其加计数是否正确,并与报表数、总账数和明细账合计数核对是否相符;

②将管理费用中的职工薪酬、无形资产摊销、长期待摊费用摊销额等项目与各有关账户进行核对,分析其钩稽关系的合理性,并做出相应记录。

(2)对管理费用实施分析程序。

①计算分析管理费用中各项目发生额及占费用总额的比率,将本期、上期管理费用各主要明细项目做比较分析,判断其变动的合理性;

②将管理费用实际金额与预算金额进行比较;

③比较本期各月份管理费用,对有重大波动和异常情况的项目应查明原因,必要时做适当调整。

管理费用工作底稿参考格式

(3)检查管理费用的明细项目的设置是否符合规定的核算内容与范围,结合成本费用的审计,检查是否存在费用分类错报。

(4)选择重要或异常的管理费用,检查费用的开支标准是否符合有关规定,计算是否正确,原始凭证是否合法,会计处理是否正确。

(5)抽取资产负债表日前后若干天的若干张凭证,实施截止性测试,若存在异常迹象,考虑是否有必要追加审计程序,对于重大跨期项目,应做必要调整。

(6)确定管理费用是否已在财务报表中做出恰当列报。

复习题

一、判断题

(　)1.在被审计单位变更委托的情况下,后任注册会计师应当对固定资产的期初余额进行全面的审计。

(　)2.资本性预算内的固定资产购置项目,实际购置时无须再进行审批。

(   )3.对于大规模企业而言,企业内部各个部门都可填列请购单。为了加强控制,请购单应当预先连续编号。

(   )4.如果某应付账款明细账户期末余额为零,注册会计师就不需要将其列为函证对象。

(   )5.内部控制良好的企业,在收到商品时应由负责验收的人员将商品同订单仔细核对后编制验收单。

(   )6.在一般情况下,应付账款不需要函证,主要是因为注册会计师能够取得购货发票等外部证据来证实应付账款的余额。

(   )7.注册会计师检查未入账应付账款的审计程序中,最有效的是函证应付账款。

(   )8.实地检查固定资产,以确定固定资产是否存在,并了解其目前的使用状况。

(   )9.对长期挂账的应付账款进行分析,依据被审计单位对此所做的解释,有助于注册会计师判断被审计单位是无须支付还是无力偿债,抑或是存在利用应付账款隐瞒利润等不正常的现象。

(   )10.抽取资产负债表日前后若干天的管理费用凭证,实施截止性测试,与管理费用的发生认定相关。

二、单选题

1.以下关于采购与付款循环的内部控制中,注册会计师认为与应付账款的完整性认定直接相关的是(   )。

A.采用适当的会计科目表核算采购与付款交易

B.采购价格和折扣须经被授权人员的批准

C.会计主管复核付款凭单后是否附有完整的相关单据

D.订购单均经事先连续编号并将已完成的采购登记入账

2.采购与付款环节的下列单据中,可能不需要连续编号的是(   )。

A.入库单   B.订购单

C.验收单   D.请购单

3.下列审计程序中,能发现多计应付账款的是(   )。

A.复核采购明细账、总账及应付账款明细账,注意是否有大额或不正常的金额

B.从验收单追查至采购明细账

C.从卖方发票追查至采购明细账

D.针对资产负债表日后应付账款明细账贷方发生额的相应凭证,关注其购货发票日期,确认其入账时间是否合理

4.为证实受留置权限制的机器设备的所有权,注册会计师实施的下列审计程序中最有针对性的是(　　)。

A.验证有关运营证件等

B.审核被审计单位的有关负债项目等

C.审核采购发票、采购合同等

D.查阅有关的合同、产权证明、财产税单、抵押借款的还款凭据、保险单等书面文件

5.从固定资产明细账追查至固定资产实物时,可以完成的审计目标是(　　)。

A.确认已经减少的固定资产是否销账

B.确认固定资产的产权归属

C.确定账面记录的固定资产是否确实存在

D.确认实际存在的固定资产是否均已入账

6.注册会计师从验收单追查至相应的供应商发票,再追查至应付账款明细账的审计程序,与应付账款的哪项认定最相关?(　　)

A.准确性 　　　　　　　　　　B.存在

C.完整性 　　　　　　　　　　D.计价与分摊

7.注册会计师可将下列审计应付账款的程序完全交由被审计单位办理的有(　　)。

A.抽查应付账款明细账的贷方记录相关凭证

B.根据卖方对账单调节未付发票

C.编制应付账款明细表

D.就所选定的账户余额函证

8.检查未入账的应付账款时,下列程序中审计效果最佳的是(　　)。

A.检查列入应付账款明细表中债权人寄回的询证函

B.检查购货发票与债权人名单

C.检查资产负债表日前后一周的发票样本,并查明是否已正确记录

D.检查资产负债表日后付款情况

9.在验证甲公司应付账款余额不存在漏报时,注册会计师获取的以下审计证据中,证明力最强的是(　　)。

A.供应商开具的发票

B.供应商提供的月对账单

C.甲公司编制的连续编号的验收报告

D.甲公司编制的连续编号的订购单

10.在了解及实施适当的控制测试后,注册会计师发现乙公司材料采购业务存在以下情况,其中属于内部控制设计缺陷的是(   )。

A.请购单既有仓库人员填制的,也有车间、管理部门人员填制的

B.请购单没有连续编号

C.验收人员病假期间,验收业务由采购人员代为执行

D.材料已到发票未到时,先验收入库,并暂估入账

三、多选题

1.下列通常属于采购与付款循环中主要的重大错报风险的有(   )。

A.低估费用　　　　　　　　　　B.高估应付账款

C.低估应付账款　　　　　　　　D.高估费用

2.下列选项中,应当作为应付账款函证对象的有(   )。

A.在资产负债表日金额不大,并且不是被审计单位重要供应商的债权人

B.较大金额的债权人

C.在资产负债表日金额不大,甚至为零,但是被审计单位重要供应商的债权人

D.较小金额的债权人

3.下列选项中,能发现未入账的应付账款的有(   )。

A.结合存货监盘程序,检查被审计单位在资产负债表日前后的存货入库资料

B.检查供应商发票、验收报告或入库单等,与应付账款明细账进行核对

C.针对已偿付的应付账款,追查银行对账单、银行付款单据和其他原始凭证,检查其是否在资产负债表日前真实偿付

D.获取被审计单位与其供应商之间的对账单,并将对账单和被审计单位财务记录之间的差异进行调节

4.依据经批准的、附有支持性凭证并连续编号的付款凭单记录采购交易,这一控制活动影响采购交易的(   )。

A.准确性认定　　　　　　　　　B.权利和义务

C.发生认定　　　　　　　　　　D.完整性认定

5.适当的职责分离有助于防止各种错误或舞弊的发生。采购与付款循环的职责分离包括(   )。

A.请购与审批要相互分离

B.供应商的选择与审批要相互分离

C.采购合同的拟定、审核与审批要相互分离

D.采购、验收与记录要相互分离

6. 采购与付款循环审计涉及的凭证与记录有（　　）。

A. 请购单与订购单

B. 验收单

C. 购货发票

D. 库存现金及银行存款日记账和总账

7. 应付账款明细账由被审计单位编制时,注册会计师应采取的行为是（　　）。

A. 复核其计算的准确性

B. 核对明细表与应付账款总账是否相符

C. 审查明细表上应付账款分类的准确性

D. 直接将其作为审计工作底稿

8. 注册会计师在检查 ABC 公司 2019 年度财务报表的应付账款项目时,应核实其应付账款项目是否按照哪几项科目所属明细科目的期末贷方余额的合计数填列?（　　）

A. 应付账款　　　　　　　　B. 应收账款

C. 预付账款　　　　　　　　D. 预收账款

9. 应付账款一般不需要函证,但出现哪些情况时,注册会计师应实施函证?（　　）

A. 应付账款重大错报风险较高　　B. 应付账款金额较大

C. 被审计单位陷入财务困境　　D. 被审计单位供货方内部控制薄弱

10. 注册会计师通过风险评估程序发现被审计单位固定资产存在认定重大错报风险较高,所设计的以下审计程序具有针对性的有（　　）。

A. 实地检查固定资产

B. 向相关使用部门函证固定资产

C. 检查本期增加的固定资产是否均已入账

D. 检查本期减少的固定资产是否均已入账

四、案例分析题

1. 注册会计师对 ABC 公司进行审计时,决定对其下列四个明细账户中的两个进行函证。有关资料如表 11-2 所示:

表 11-2　ABC 公司四个明细账户情况表

单位名称	应付账款年末余额(元)	本年度供货总额(元)
A 公司	42,650	66,100
B 公司	—	2,880,000
C 公司	85,000	95,000
D 公司	589,000	3,032,000

要求:(1)说明注册会计师应该选择哪两家公司进行函证,分析其理由。

(2)假定上述四家公司均为 ABC 公司的客户,如表 11-2 中后两栏分别是应收账款年末余额和本年销货总额,说明审计人员应选择哪两家公司进行函证,分析其理由。

2. 注册会计师对 ABC 公司进行审计时,记录了对采购与付款循环控制测试,如表 11-3 所示,假定不考虑其他条件,指出注册会计师的处理是否恰当。如不恰当,提出改进意见。

表 11-3 对 ABC 公司采购与付款循环控制测试情况表

序号	控制活动	控制测试
(1)	采购人员将新增供应商信息表递交至采购部高级经理处,审批通过后由系统管理员录入供应商主文档	注册会计师抽取了本期若干新增供应商信息表,检查是否经过采购部高级经理审批
(2)	验收人员在收到商品时在系统中填写入库通知单,计算机将入库通知单与订购单进行比对,对不符事项形成例外报告,并进行后续处理	注册会计师询问验收人员,以获取本期系统是否生成例外报告的证据
(3)	财务人员将原材料订购单、供应商发票和入库单核对一致后,编制记账凭证(附上述单据)并签字确认	注册会计师抽取了本期若干记账凭证及附件,检查是否经财务人员签字
(4)	财务总监负责审批金额超过 50 万元的付款申请单,并在系统中进行电子签署	注册会计师从系统中导出本期已经财务总监审批的付款申请单,抽取样本进行检查

第十二章

生产与存货循环审计

学习目标

学完本章,你应该能够:

- 了解生产与存货循环中的主要业务活动及相关单据;
- 理解生产与存货循环的内部控制;
- 理解生产与存货循环的控制测试;
- 掌握存货和主营业务成本的实质性程序。

导入案例

小配件引出假合同

审计项目组对某公司进行采购合同专项审计过程中,发现被审计单位当年采购材料中有大额汽车配件和摩托车配件 13 万元,而前一年度仅有少量发生。这一异常情况引起了审计人员的注意。审计人员对购销合同审查时,发现合同完全符合要求;查阅凭证、发票、入库验收单等资料,发现手续完备,看似无懈可击。

审计人员凭着职业敏感意识到:材料采购合同的背后可能有问题。既然配件与车辆有关,就从固定资产入手,继续查下去。

审计人员决定采取迂回策略,先了解该公司的车辆情况。通过查阅资产账了解到:该单位只有轿货车、客货车各一台及两台已到报废年限的桑塔纳汽车。车辆维修按规定在公司定点修理厂维修。那么今年有没有新增车辆?采购的配件在哪里?用在哪里?

公司没有摩托车,进配件做什么呢?审计人员决定先去看看配件,经实地盘库发现并没有高达 13 万元的汽车、摩托车配件。在大量可靠证据面前,审计人员决定与被审计单位会计、公司经理正面接触。在一连串有力证据与环环相扣的提问下,该单位经理、会计相继交代了问题。原来在今年 8 月底,该单位决定委托某经贸有限公司购买桑塔纳 2000 型轿车一台,9 月 3

日接回新车,10 月 23 日以付汽车配件等材料的名义付款 22.15 万元(其中车款、附加税、定编、落户及牌照等合计 18.93 万元,增值税 3.22 万元)。

该单位未经审批,以签订虚假采购合同,变通材料费方式超标准购车。至此,问题已全部得到解决。

思考:注册会计师应如何应对存货舞弊行为?

案例改编自"审计工作"微信公众号"小配件引出假合同"一文,2019 年5 月 23 日。

第一节 生产与存货循环的业务活动和相关内部控制

一、生产与存货循环概述

生产与存货循环是企业处理有关生产成本计算和存货管理等业务的过程。它与销售、与收款循环、采购、与付款循环等业务循环密切关联,涉及材料采购、产品生产、货物储存、商品销售以及薪酬支付等诸多业务,其中的采购业务、销售业务分别在"采购与付款循环""销售与收款循环"中加以阐述,本章重点阐述原材料入库之后至产成品发出之间的业务活动。

根据财务报表项目与业务循环的相关程度,生产与存货循环所涉及的资产负债表主要是存货。

生产与存货循环中,业务复杂,存货种类和数量繁多,计价方法各异,且生产成本与存货计价直接影响当期损益,其所涉及的部门多、相关账户多,因而,审计风险较高。为此,审计人员应给予高度重视,需安排较多的时间,了解该业务循环的特点及内部控制,实施控制测试,评估审计风险,拟订审计方案,进行余额和交易额的实质性程序。

二、生产与存货循环的业务活动和相关内部控制

(一)计划和安排生产

生产计划部门根据客户订购单或者销售部门对销售预测和产品需求的分析,决定生产授权,并编制月度生产计划书和材料需求报告。

生产计划部门通常根据经审批的月度生产计划书,签发预先按顺序编号

的生产通知单。

(二)发出原材料

生产部门收到生产通知单后,在领料单上列示所需的材料数量和种类,以及领料部门的名称,并经生产主管签字批准。领料单可以一料一单,也可以多料一单,通常是一式三联。仓库管理员发料并签署后,将其中一联连同材料交给领料部门(生产部门存根联),一联留在仓库登记材料明细账(仓库联),一联交会计部门进行材料收发核算和成本核算(财务联)。仓库管理员应把领料单编号、领用数量、规格等信息输入计算机系统,经仓储经理复核并以电子签名方式确认后,系统自动更新材料明细台账。

(三)生产产品

生产部门在收到生产通知单和领取原材料后,将生产任务分解到每一个生产工人,落实生产任务。生产工人在完成生产任务后,将完成的产品交生产部门统计人员查点,转交检验员验收并办理入库手续,或将所完成的半成品移交下一个部门,做进一步加工。

通过产量和工时记录登记生产工人所耗费工时数量。

(四)核算产品成本

企业应当建立健全成本会计制度,将生产控制和成本核算有机结合起来。生产过程中的生产通知单、领料单、产量和工时记录、产量统计记录表、生产统计报告、入库单等文件资料都要汇集到会计部门,由会计部门对其进行检查和核对。同时,会计部门设置相应的会计账户,对生产过程中的成本进行核算和控制。

(五)产成品入库及储存

产成品入库,质量检验员先行点验和检查,然后签收并编制按顺序编号的验收单。仓库管理员应检查产成品验收单,并清点产成品数量,填写预先按顺序编号的产成品入库单。签收后,将实际入库数量通知会计部门。经质检经理、生产经理和仓储经理签字确认后,由仓库管理员将产成品入库单信息输入计算机系统,系统自动更新产成品明细台账。

仓储部门还应根据产成品的品质特征分类存放,只有经过授权的人员可以接触存货。

(六)发出产成品

产成品的发出须由独立的发运部门进行。装运产成品时必须持有经有关部门核准的发运通知单,并据此编制预先按顺序编号的出库单。

(七)存货盘点

管理人员编制盘点指令,安排适当人员对存货实物进行定期盘点。

(八)计提存货跌价准备

财务部门根据存货货龄分析表信息、生产部门和仓储部门每月上报残冷背次存货明细、采购部门和销售部门每月上报原材料和产成品最新价格信息,结合存货盘点的结果计提存货跌价准备,财务经理和总经理复核批准并入账。

生产与存货内部控制

【**案例 12-1**】 甲公司主要生产木制品。在 2019 年财务报表审计中,W 注册会计师了解的相关情况如下:

(1)董事长常年在国外,材料的采购是由董事长个人掌握,材料到达入库后,仓库的保管员按实际收到的材料的数量和品种入库,实际的采购数量和品种保管员无法掌握,也没有合同等相关的资料。

(2)财务入账不及时,会计自己估价入账,发票几个月以后,甚至有的长达一年以上才回来,发票的数量和实际入库的数量不一致,也不进行核对,造成材料的成本不准确,忽高忽低。

(3)期末仓库的保管员自己盘点,盘点的结果与财务核对不一致的,不去查找原因,也不进行处理。

(4)材料的领用没有建立规范的领用制度,车间在生产中随用随领,没有计划,多领不办理退库的手续。生产中的残次料随处可见,随用随拿,浪费现象严重。

要求:说明甲公司内部控制存在的问题,以及正确的做法。

三、了解生产与存货循环业务活动和相关内部控制的程序

注册会计师通常实施以下程序,了解生产与存货循环的业务活动和相关内部控制:

(1)获取并阅读被审计单位的相关业务流程图或内部控制手册等资料。

(2)询问参与生产与存货管理的相关人员,例如,询问生产部门的人员,了

解生产的流程;询问仓库管理人员,了解领料和产品入库的流程。

(3)观察生产与存货流程中特定控制的运用,例如观察仓库人员的盘点过程。

(4)检查相关文件和报告,例如检查存货盘点记录。

(5)实施穿行测试。例如,选取一笔生产与存货交易,追踪其从计划和安排生产、发出原材料、生产产品、核算产品成本、存储产成品、发出产成品到生成记账凭证的整个过程。

注册会计师通过上述程序了解生产与存货循环的内部控制,对相关控制的设计和是否得到执行进行评价。

第二节　生产与存货循环的重大错报风险

一、生产与存货循环存在的重大错报风险因素

(一)交易规模庞大和成本核算复杂

制造类企业交易规模庞大,业务复杂。同时,成本核算也比较复杂。虽然原材料和人工等直接成本的归集和分配比较简单,但间接费用的分配可能较为复杂,并且,同一行业中的不同企业也可能采用不同的认定和计量标准。这就增加了错误和舞弊的风险。

(二)产品的多元化

这可能要求聘请专家来验证其质量、状况或价值。此外,计算库存存货数量的方法也可能是不同的。例如,计量煤堆、筒仓里的谷物或糖、黄金或贵重宝石、化工品和药剂产品的存储量的方法都可能不一样。

(三)某些存货项目的可变现净值难以确定

例如,受全球经济供求关系影响的存货,由于其可变现净值难以确定,会影响存货采购价格和销售价格的确定,并将影响注册会计师对与存货准确性、计价和分摊认定有关的风险进行的评估。

(四)存货多地存放

大型企业可能将存货存放在很多地点,并且可以在不同的地点之间配送

存货,可能会增加商品途中毁损或遗失的风险,或者导致存货在两个地点被重复列示,也可能产生转移定价的错误或舞弊。

(五)寄存的存货

有时候存货虽然还存放于企业,但可能已不归属于企业。反之,企业的存货也可能被寄存在其他企业。

(六)存在存货跌价风险

存货可能由于技术进步或竞争对手推出新产品而跌价;或者鲜活、易腐烂的存货也可能因变质而跌价;也可能因销路不畅或行业低迷而跌价。

二、根据重大错报风险评估结果设计进一步审计程序

注册会计师通过实施询问、观察、检查、分析程度等风险评估程序,了解被审计单位的内部控制及其他方面,进而评估重大错报风险。在此基础上,注册会计师制定实施进一步审计程序的总体方案(包括综合性方案和实质性方案),继而实施控制测试和实质性程序,以应对识别出的认定层次的重大错报风险。

第三节 生产与存货循环的控制测试

由于生产与存货循环跟其他业务循环紧密联系,在对生产与存货循环的内部控制实施测试时,要考虑其他业务循环的控制测试是否与本循环相关,避免重复。在已识别的重大错报风险的基础上,注册会计师选取拟测试的控制并实施控制测试。表 12-1 举例说明几种常见的生产与存货循环的内部控制以及注册会计师相应可能实施的控制测试程序。

表 12-1 生产与存货循环的风险、存在的控制及控制测试程序示例表

风险	相关认定	自动化控制	人工控制	内部控制测试程序
原材料的发出可能未经授权	生产成本;发生	—	所有领料单由生产主管签字批准,仓库管理员凭经批准的领料单发出原材料	选取领料单,检查是否有生产主管的签字授权

续　表

风险	相关认定	自动化控制	人工控制	内部控制测试程序
生产成本和制造费用在不同产品之间、在产品和产成品之间的分配可能不正确	存货：准确性、计价和分摊营业成本：准确性	—	成本会计执行产品成本日常核算，财务经理每月末审核产品成本计算表及相关资料（原材料成本核算表、工薪费用分配表、制造费用分配表等），并调查异常项目	（1）询问财务经理如何执行复核及调查（2）选取产品成本计算表及相关资料，检查财务经理的复核记录
存货可能被盗或因材料领用、产品销售未入账而出现账实不符的情况	存货：存在	—	（1）仓库保管员每月末盘点存货并与仓库台账核对并调节一致；成本会计监督其盘点与核对，并抽查部分存货进行复盘（2）每年末盘点所有存货，根据盘点结果分析盘盈盘亏并进行账面调整	观察存货盘点的过程，检查存货盘点记录
可能存在残冷背次的存货，影响存货的价值	存货：准确性、计价和分摊资产减值损失：完整性	系统根据存货入库日期自动统计货龄，每月末生成存货货龄分析表	财务部根据系统生成的存货货龄分析表，结合生产和仓储部门上报的存货损毁情况及存货盘点中对存货状况的检查结果，计提存货减值准备，经管理层审核批准后入账	询问财务经理识别减值风险并确定减值准备的过程，检查管理层的复核批准记录

第四节　生产与存货循环的实质性程序

一、存货的实质性程序

存货审计涉及数量和单价两个方面。针对存货数量的实质性程序主要是存货监盘。针对存货单价的实质性程序包括对购买和生产成本的审计程序和对存货可变现净值的审计程序。

(一)获取或编制存货余额明细表

复核单项存货金额的计算和明细表的加总计算是否准确。将本年末存货余额与上年末存货余额进行比较,总体分析变动原因。

(二)实施实质性分析程序

存货的实质性分析程序中较常见的是对存货周转天数的实质性分析程序。

(1)根据对被审计单位的经营活动、供应商、贸易条件、行业惯例和行业现状的了解,确定存货周转天数的预期值。

(2)计算实际存货周转天数和预期周转天数之间的差异。

(3)调查存在重大差异的原因。例如,可以询问管理层和相关员工,并评估差异是否表明存在重大错报风险,是否需要设计恰当的细节测试程序以识别和应对重大错报风险。

(三)存货监盘

1.存货监盘的目的及作用

注册会计师存货监盘的目的在于获取有关存货数量和状况的审计证据。因此,存货监盘针对的主要是存货的存在认定,对存货的完整性认定及准确性、计价和分摊认定,也能提供部分审计证据。此外,注册会计师还可能在存货监盘中获取有关存货所有权的部分审计证据。例如,如果注册会计师在监盘中注意到某些存货已经被法院查封,需要考虑被审计单位对这些存货的所有权是否受到了限制。但存货监盘本身并不足以供注册会计师确定存货的所有权,注册会计师可能需要执行其他实质性审计程序以应对所有权认定的相关风险。

存货监盘的相关程序可以用作控制测试或者实质性程序。实施存货监盘是注册会计师的责任,但不能取代被审计单位管理层定期盘点存货、合理确定存货的数量和状况的责任。管理层通常制定程序,对存货每年至少进行一次实物盘点。

2.编制存货监盘计划

注册会计师应当根据被审计单位存货的特点、盘存制度和存货内部控制的有效性等情况,在评价被审计单位管理层制定的存货盘点程序的基础上,编制存货监盘计划,对存货监盘做出合理安排。

3. 实施存货监盘

监盘前,注册会计师应确定存货盘点范围是否准确。注册会计师在被审计单位盘点存货前,应观察盘点现场,确定应纳入盘点范围的存货是否已经被适当地整理和排列,并附有盘点标识,防止遗漏或重复。对未纳入盘点范围的存货,应查明原因。

监盘时,注册会计师应当实施下列审计程序:

(1)评价管理层用以记录和控制存货盘点结果的指令和程序。

(2)观察管理层制定的盘点程序。注册会计师一般应当获取盘点日前后存货收发及移动的凭证,检查库存记录与会计记录期末截止是否正确。在存货入库和装运过程中采用连续编号的凭证时,注册会计师应当关注盘点日前的最后编号。

(3)检查存货。在存货监盘过程中检查存货,确定存货的存在,以及识别过时、毁损或陈旧的存货,为测试被审计单位存货跌价准备计提的准确性提供证据。检查所有权不属于被审计单位的存货是否未被纳入盘点范围。检查是否存在某些存货不属于被审计单位的迹象。此外,注册会计师还应当设计关于特殊类型存货监盘的具体审计程序,如糖、煤、钢废料等堆积型存货、谷类粮食等散装存货、贵金属、艺术品等。获取存货的截止性信息,例如获取盘点日前后存货收发及移动的凭证,检查库存记录与会计记录期末截止是否正确。

(4)执行抽盘。在对存货盘点结果进行测试时,注册会计师可以从存货盘点记录中选取项目追查至存货实物,以及从存货实物中选取项目追查至盘点记录,以获取有关盘点记录准确性和完整性的审计证据。注册会计师应尽可能避免让被审计单位事先了解将被抽盘的存货项目。对于抽盘时发现的差异,一方面,注册会计师应当查明原因,并及时提请被审计单位更正;另一方面,注册会计师应当考虑错误的潜在范围和重大程度,在可能的情况下,扩大检查范围以减少错误的发生。注册会计师还可要求被审计单位重新盘点。重新盘点的范围可限于某一特殊领域的存货或特定盘点小组。

监盘结束时,注册会计师应当再次观察盘点现场,以确定所有应纳入盘点范围的存货是否均已被盘点;取得并检查已填用、作废及未使用盘点表单的号码记录,确定其是否连续编号,查明已发放的表单是否均已收回,并与存货盘点的汇总记录进行核对。

4. 特殊情况的处理

(1)存货盘点日不是资产负债表日。注册会计师应当实施适当的审计程序,确定盘点日与资产负债表日之间存货的变动是否已得到恰当的记录。

(2)存货盘点现场实施存货监盘不可行。某些情况下,由存货性质和存放地点等因素,存货盘点现场实施存货监盘不可行,例如,存货存放在对注册会计师的安全有威胁的地点。但是审计中的困难、时间或成本等事项,不能作为注册会计师不实施存货监盘的理由。

如现场监盘存货不可行,应实施替代审计程序,以获取有关存货的存在和状况的充分、适当的审计证据,如检查盘点日后出售,盘点日之前取得或购买的特定存货的文件记录。但在其他情况下,如果不能实施替代程序,或实施替代程序可能无法获取有关存货的存在和状况的充分、适当的审计证据,注册会计师需要考虑发表非无保留意见。

(3)因不可预见的情况导致无法实施现场监盘。由于不可抗力导致注册会计师无法到达存货存放地实施存货监盘,或者由于恶劣的天气导致注册会计师无法实施存货监盘程序或无法观察存货,注册会计师应当另择日期监盘,并对间隔期内的交易实施审计程序。

(4)由第三方保管或控制的存货。如果由第三方保管或控制的存货对财务报表是重要的,应实施下列一项或两项审计程序,以获取该存货存在和状况的充分、适当的审计证据:

①向持有被审计单位存货的第三方函证存货的数量和状况;

②实施检查或其他适合具体情况的审计程序,例如,实施或安排其他注册会计师实施对第三方的存货监盘;检查与第三方持有的存货相关的文件记录,如仓储单等。

【案例 12-2】　W 注册会计师负责审计甲公司 2019 年度财务报表,与存货审计相关的部分事项如下:

(1)甲公司的存货存在特别风险,W 注册会计师在了解相关内部控制后,未测试控制运行的有效性,直接实施了细节测试。

(2)在对甲公司存货实施监盘时,W 注册会计师在存货盘点现场评价了管理层用以记录和控制存货盘点结果的程序,认为其设计有效,W 注册会计师在检查存货并执行抽盘后结束了现场工作。

(3)2019 年 12 月 25 日,W 注册会计师对存货实施监盘,结果令人满意。因年末存货余额与盘点日余额差异较小,W 注册会计师根据监盘结果认可了年末存货数量。

要求:针对上述第(1)—(3)项,逐项指出 W 注册会计师的做法是否恰当。如不恰当,简要说明理由。

(四)存货计价审计

一般来说,存货计价审计包括样本的选择、计价方法的确认以及计价测试。

1.样本的选择

计价审计的样本,应从存货数量已经盘点,单价和总金额已经记入存货汇总表的结存存货中选择。选择样本时,注册会计师应着重选择结存余额较大且价格变化比较频繁的项目,同时考虑所选择样本的代表性。

2.计价方法的确认

注册会计师应当了解被审计单位存货的计价方法,并对其合理性与一贯性予以关注。

3.计价测试

进行计价测试时,注册会计师应首先审核存货价格的组成内容,然后按照所了解的计价方法对所选择的存货样本进行独立计价测试,并将测试结果与被审计单位的账面记录对比。如有差异,应分析差异的原因。如果差异过大,应扩大范围继续测试,并根据审计结果考虑或做出审计调整建议。

存货工作底稿
参考格式

(五)检查存货列报

检查存货是否在财务报表中做出恰当的列报。

二、主营业务成本的实质性程序

(1)获取或编制主营业务成本明细表。复核加计是否正确,并与总账数和明细账合计数核对是否相符,结合其他业务成本科目与营业成本报表数核对是否相符。

(2)实质性分析程序(必要时)。

①针对已识别需要运用分析程序的有关项目,注册会计师基于对被审计单位及其环境的了解,通过进行以下比较,并考虑相关数据间关系的影响,以建立注册会计师有关数据期望值。

②确定可接受的差异额。

③将实际的情况与期望值相比较,识别需要进一步调查的差异。

④如果其差额超过可接受的差异额,调查并获取充分的解释和恰当的佐证审计证据。

(3)检查主营业务成本的内容和计算方法是否符合企业会计准则规定,前后期是否一致。

(4)复核主营业务成本明细表的正确性,编制生产成本与主营业务成本倒轧表,并与相关科目交叉索引。

(5)抽查若干个月主营业务成本结转明细清单,比较计入主营业务成本的品种、规格、数量和主营业务收入的口径是否一致,是否符合配比原则。

(6)针对主营业务成本中重大调整事项(如销售退回)、非常规项目,检查相关原始凭证,评价真实性和合理性,检查其会计处理是否正确。

(7)在采用计划成本、定额成本、标准成本或售价核算存货的条件下,应检查产品成本差异或商品进销差价的计算、分配和会计处理是否正确。

(8)结合期间费用的审计,判断被审计单位是否通过将应计入生产成本的支出计入期间费用,或将应计入期间费用的支出计入生产成本等手段调节生产成本,从而调节主营业务成本。

(9)根据评估的舞弊风险等因素增加的审计程序。

(10)检查主营业务成本是否在财务报表中做出恰当列报。

复习题

一、判断题

(   )1.注册会计师对存货数量和金额应当分别实施审计程序进行确认,但分析程序既可以帮助注册会计师确认存货数量的合理性,也可以确认存货金额的合理性。

(   )2.注册会计师是否制订存货监盘计划要根据被审计单位存货的特点、内部控制是否有效等来决定。

(   )3.对存货数量采用永续盘存制,即意味着无须对存货实物进行盘点。

(   )4.监盘程序主要是对存货单位成本是否正确予以确认。

(   )5.定期盘点存货,合理确定存货的数量和状况是审计人员的责任。

(   )6.存货监盘的目标主要与存货的存在认定有关,对于存货的完整性、计价、权利认定也能提供部分证据。

(   )7.存货监盘时间与被审计单位存货盘点时间相协调,尽量接近资产负债表日。

(   )8.如果被审计单位存货的性质或位置导致无法实施存货监盘,注册会计师应当直接发表保留意见或无法表示意见。

(   )9.截止测试的目的是检查截止到资产负债表日,存货实物纳入盘点范围的时间与存货引起的借贷会计科目的入账时间是否处于同一会计期间。

(　　)10.科技含量高的存货易因技术进步而过时,存在认定错报风险的概率大。

二、单项选择题

1.为测试所记录的成本是否均已发生而非虚构,注册会计师应当(　　)。

  A.对重大产品项目进行计价测试

  B.检查各种费用的归集和分配以及成本的计算是否正确

  C.从料工费的原始记录中选取样本,追查至成本明细账的记录

  D.从成本明细账中选取项目,与料工费的原始凭证进行核对

2.下列各项中不可以用作存货审计的实质性分析程序的是(　　)。

  A.存货周转率的横向和纵向比较

  B.各类存货余额及占比的前后期比较

  C.分析存货量价数据与供产销等非财务数据关系的合理性

  D.按照企业披露的计价方法重新计算发出存货的成本

3.管理层虚构存货数量和价值,或者对于存货的减值准备不充分计提,会最终导致利润(　　)。

  A.不能确定　　　　　　　　B.虚增

  C.无影响　　　　　　　　　D.虚减

4.存货如果容易被盗,那么存货的哪项认定存在重大错报风险?(　　)

  A.存在　　　　　　　　　　B.发生

  C.完整性　　　　　　　　　D.计价和分摊

5.对存货实施定期盘点属于(　　)。

  A.注册会计师的审计责任　　B.被审计单位的会计责任

  C.会计师事务所的质量控制要求　D.被审计单位财务部门的责任

6.注册会计师在选择存货计价测试的样本时,一般采用的抽样方法有(　　)。

  A.随机抽样　　　　　　　　B.系统抽样

  C.分层抽样　　　　　　　　D.随意抽样

7.注册会计师在企业存货的盘点工作中应当(　　)。

  A.亲自进行独立的存货盘点

  B.参与企业盘点,并对盘点工作进行适当观察和检查

  C.观察企业盘点,完全不必亲自盘点

  D.制订盘点计划,由企业进行盘点,将盘点结果汇入工作底稿

8. 由第三方保管或控制的存货无法在存货盘点现场实施监盘,注册会计师拟实施替代审计程序,以下表述错误的是(   )。

A. 检查相关的文件记录

B. 向第三方函证

C. 委托其他注册会计师代为监盘

D. 委托被审计单位的内部审计人员监盘

9. 生产与存货循环有关交易的实质性程序不包括(   )。

A. 成本会计制度的测试   B. 分析程序的运用

C. 存货的监盘   D. 存货的计价测试

10. 下列关于存货监盘时实施检查程序的做法中,与测试存货盘点记录的完整性不相关的是(   )。

A. 从存货实物中选取项目追查至存货盘点记录

B. 在存货盘点过程中关注存货的移动情况

C. 从存货盘点记录中选取项目追查至存货实物

D. 在盘点结束前,再次观察盘点现场

三、多选题

1. 下列属于存货审计实质性程序的有(   )。

A. 通过监盘程序确定期末存货金额的正确性

B. 测试各项费用的归集和分配是否符合规定的流程

C. 运用分析程序判断期末存货余额的合理性

D. 函证由第三方代管的存货

2. 为了验证成本计算单中直接材料成本的正确性,注册会计师通常需要检查的文件资料有(   )。

A. 制造费用明细账   B. 材料明细账

C. 领发料凭证   D. 材料费用分配汇总表

3. 领料单通常一式三联,分别用于(   )。

A. 连同材料交给领料部门

B. 交验收部门用于检验材料是否合格

C. 存在仓库登记材料明细账

D. 交会计部门进行材料收发核算和成本核算

4. 下列属于存货监盘程序的有(   )。

A. 盘点存货数量

B. 观察管理层制定的盘点程序的执行情况

C. 对纳入存货盘点范围的存货做出标识

D. 评价管理层用以记录和控制存货盘点结果的指令和程序

5. 针对存货监盘的特殊情况,下列说法中不正确的有(　　)。

 A. 如果由于不可预见的情况无法在存货盘点现场实施监盘,注册会计师应当实施替代审计程序

 B. 如果在存货盘点现场实施存货监盘不可行,并且不能实施替代审计程序,或者实施替代审计程序可能无法获取有关存货的存在和状况的充分、适当的审计证据,注册会计师应当解除业务约定

 C. 如果在存货盘点现场实施存货监盘不可行,注册会计师应当实施替代审计程序以获取有关存货的存在和状况的充分、适当的审计证据

 D. 如果在存货盘点现场实施存货监盘不可行,并且不能实施替代审计程序,或者实施替代审计程序可能无法获取有关存货的存在和状况的充分、适当的审计证据,注册会计师需要按照准则的要求发表非无保留意见

6. 下列有关存货监盘的目的的说法中,正确的有(　　)。

 A. 存货监盘针对的主要是存货的存在认定

 B. 存货监盘针对的主要是存货的存在认定、完整性认定、计价与分摊认定

 C. 存货监盘针对的主要是存货的存在认定、完整性认定、权利与义务认定

 D. 存货监盘也可能获取有关存货完整性认定、权利与义务认定、计价认定的部分证据

7. 注册会计师应当根据存货的存放地点确定监盘地点。如果存货存放在多个地点,下列有关存货监盘地点的职业判断中,不恰当的有(　　)。

 A. 要求被审计单位提供一份完整的存货存放地点清单

 B. 要求被审计单位提供一份完整的存货存放地点清单,期末存货量为零的仓库除外

 C. 要求被审计单位提供一份完整的存货存放地点清单,租赁的仓库除外

 D. 要求被审计单位提供一份完整的存货存放地点清单,第三方代保管存货的仓库除外

8. 下列事项中对盘点范围的考虑恰当的有(　　)。

 A. 即使在被审计单位声明不存在受托代存存货的情形下,注册会计师也应当关注是否存在某些存货不属于被审计单位的迹象,以避免盘点范围不当

 B. 对所有权不属于被审计单位的存货,应当取得其规格、数量等有关资料,确定是否已单独存放、标明,且未被纳入盘点范围

 C. 对被审计单位未纳入盘点范围的存货,注册会计师应当实施替代审计程序

D. 在被审计单位盘点存货前,注册会计师应当观察盘点现场,确定应纳入盘点范围的存货是否已经被适当整理和排列,并附有盘点标识,防止遗漏或重复盘点

9. 在考虑被审计单位委托其他单位保管的存货时,注册会计师应当拟定的审计程序有( )。

A. 实施监盘

B. 向存货的保管人函证

C. 向受托单位获取受托代管存货的书面确认函

D. 视同审计范围受到限制,考虑出具非无保留意见审计报告

10. 存货截止测试的方法有( )。

A. 在存货明细账的借方发生额中选取资产负债表日前后若干张、一定金额以上的凭证,与入库单或购货发票核对

B. 在入库单或购货发票中选取资产负债表日前后若干张、一定金额以上的凭据,与明细账的借方发生额进行核对

C. 在存货明细账的贷方发生额中选取资产负债表日前后若干张、一定金额以上的凭证,并与出库单或销货发票核对

D. 在出库单或销货发票中选取资产负债表日前后若干张、一定金额以上的凭据,与明细账的贷方发生额进行核对

四、案例分析题

1. W 注册会计师负责审计甲公司 2019 年财务报表,与存货审计相关事项如下:

(1)因甲公司存货品种和数量较少,W 注册会计师仅将监盘程序用作实质性程序。

(2)甲公司管理层未将以前年度已全额计提跌价准备的存货纳入本年末盘点范围,W 注册会计师检查了以前年度审计工作底稿,认可了管理层的做法。

(3)W 注册会计师获取了盘点日前后存货收发及移动的凭证,以确定甲公司是否将盘点日前后入库的存货、盘点日后出库的存货以及已确认为销售但尚未出库的存货包括在盘点范围内。

(4)由于甲公司人手不足,W 注册会计师受管理层委托,于 2019 年 12 月 31 日代为盘点甲公司异地专卖店的存货,并将盘点记录作为甲公司的盘点记录和审计项目组的监盘工作底稿。

要求:针对上述第(1)—(4)项,逐项指出 W 注册会计师做法是否恰当。如不恰当,简要说明理由。

2.W 注册会计师在审计甲公司 2019 年年度财务报表时发现：

(1)甲公司在 2019 年年初与 A 公司签订了一项经营租赁合同。甲公司租用 A 公司两台设备，租期为 3 年，每月租金 15,000 元，第一年免交租金。甲公司认为 2019 年无相关租赁费用。

(2)2019 年 1 月 1 日，甲公司租入办公设备一台，租期 3 年。设备价值为 2,000,000元。预计使用年限为 10 年，3 年的租金总额为 1,500,000 元。在租赁开始日，甲公司一次性支付租金 1,500,000 元，全部记入当期的管理费用。

要求：

(1)W 注册会计师是否同意甲公司的会计处理？说明理由。

(2)如何编制审计调整分录？

第十三章

货币资金审计

学 习 目 标

学完本章,你应该能够:
- 了解货币资金循环的主要业务活动及相关单据;
- 理解货币资金循环的内部控制;
- 掌握库存现金、银行存款的控制测试;
- 掌握库存现金、银行存款的实质性程序。

导 入 案 例

康美药业 300 亿元现金"蒸发"

康美药业 2018 年年报披露:2018 年 12 月 28 日收到中国证券监督管理委员会《调查通知书》(编号:粤证调查通字 180199 号),被立案调查。公司对此进行自查以及必要的核查,2018 年之前,康美药业在营业收入、营业成本、费用及款项收付方面存在账实不符的情况。通过企业自查后,对前期资产负债表进行重述,结果如下:分别调减货币资金、营业收入、营业成本 299.44 亿元、88.98 亿元、76.62 亿元等,调增存货、其他应收款、应收账款、在建工程金额为 195.46 亿元、57.14 亿元、6.41 亿元和 6.32 亿元等。

最引人注目的当然是 299.44 亿元现金的凭空蒸发。按照公司的说法,这笔现金很大一部分转为存货,金额达到 195.46 亿元。

思考:货币资金是如何审计的?

第一节　货币资金循环的业务活动和相关内部控制

一、货币资金循环概述

货币资金是企业资产的重要组成部分,是企业资产中流动性最强的一种资产。企业资金营运过程,从资金流入企业形成货币资金开始,到通过销售收回货币资金、成本补偿确定利润、部分资金流出企业为止。企业资金的不断循环,构成企业的资金周转。可见,货币资金与各业务循环均直接相关。

货币资金按照存放地点及用途不同,可分为库存现金、银行存款及其他货币资金。

二、货币资金循环的业务活动和相关内部控制

本节主要介绍其他业务循环中未涉及的与货币资金业务相关的主要业务活动,其他已经在本书第十至十二章的业务循环中涉及的与货币资金相关的业务活动不再在本节中重复。此外,以下业务活动要点仅为举例,实务中因不同企业货币资金管理方式或内部控制不同而有所不同。

(一)岗位分工及授权批准

1.岗位分工

企业应当建立货币资金业务的岗位责任制,明确相关部门和岗位的职责权限,确保办理货币资金业务的不相容岗位之间相互分离、制约和监督。

货币资金内部
控制原则

企业不得由一人办理货币资金业务的全过程。货币资金内部控制中不相容岗位分离的基本要求是钱账分管。具体要求如下:

(1)出纳人员不得兼任稽核,会计档案保管和收入、支出、费用、债权债务账目的登记工作。

(2)负责银行存款账目调节的人员与负责银行存款账目、现金账目、应收账款账目及应付账款账目登记的人员应该相互分离。

(3)货币资金支出的审批与出纳人员、支票保管人员和银行存款账目、现金账目的记录人员应当职责分离。

(4)支票保管职务与支票印章保管职务应当相互分离。

【案例 13-1】　注册会计师小尉负责 A 外贸服装公司 2019 年年报审计工作。在了解被审计单位及其环境时,注册会计师小尉注意到如下细节:

Lee 是这家外贸服装公司的财务总监助理兼出纳。Lee 利用每月收取其他公司的复印费给部门职员发午餐补助等福利。

Lee 注册了一家与该外贸服装公司名称非常相似的服装进口公司 C,

也在 A 公司开户银行开了一个账户。A 公司收到的顾客的现金和支票却被存入 C 公司的账户。Lee 将这笔钱存一段时间,赚取利息,然后 Lee 签发支票,把钱转入 A 公司。

Lee 可以在收款时,决定是否给予客户现金折扣。因此,她在给客户 5% 折扣时,在公司账户上登记的折扣却是 7%,并将多余的折扣款收入囊中。

请问:该公司货币资金内部控制存在哪些缺陷?如何改进?

2. 授权审批

企业应当对货币资金业务建立严格的授权审批制度,明确审批人对货币资金业务的授权审批方式、权限、程序、责任和相关控制措施,规定经办人办理货币资金业务的职责范围和工作要求。

审批人应当根据货币资金授权批准制度的规定,在授权范围内进行审批,不得越权审批。

经办人应当在职责范围内,按照审批人的批准意见办理货币资金业务。对于审批人超越授权范围审批的货币资金业务,经办人有权拒绝办理,并及时向审批人的上级授权部门报告。

3. 货币资金支付流程

(1)支付申请。向审批人提交货币资金支付申请,注明款项的用途、金额、预算、支付方式等内容。

(2)支付审批。根据职责和权限进行审批。

(3)支付复核。复核无误后,交由出纳人员办理支付手续。

(4)办理支付。出纳人员办理支付并及时登记库存现金和银行存款日记账。

(二)现金与银行存款的业务活动和相关内部控制

1. 现金的业务活动和相关内部控制

现金收支的主要业务活动如图 13-1 所示。

(1)现金使用范围控制。企业必须根据《现金管理暂行条例》的规定,结合本企业的实际情况,确定本企业现金使用范围。不属于开支范围的业务应当通过银行办理转账结算。

(2)现金限额控制。按规定,企业一般可以按三至五天的日常零星开支所需现金核定库存现金的限额。对超过库存限

现金使用范围

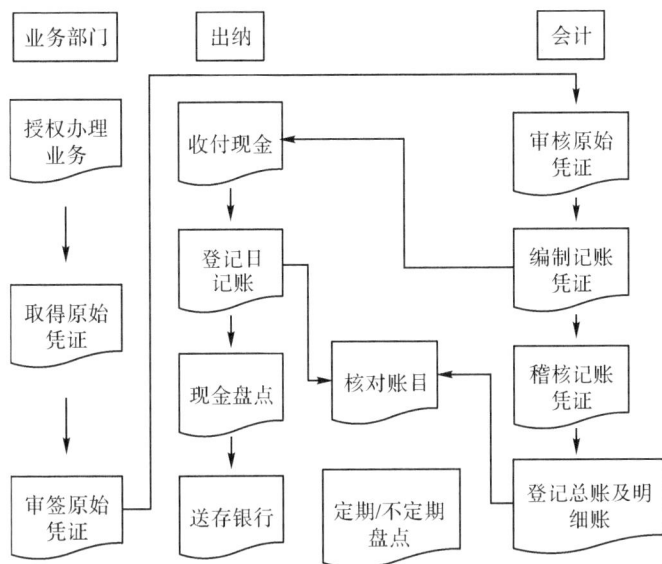

图 13-1 现金收支的主要业务活动

额的现金应及时存入银行。

(3)现金收支控制。企业的现金收入应于当日送存开户银行,当日送存有困难的,由开户银行确定送存时间。企业支付现金,可以从本单位库存现金限额中支付或者从开户银行提取;超过一定限额的现金支出,应当使用支票。不得从本单位的现金收入中直接支付(坐支)。特殊情况需坐支现金的,应事先报经开户银行审查批准。

(4)现金记录控制。出纳根据本企业关于现金结算的相关规定,办理现金结算业务,并每日自行盘点库存现金,编制现金日报表,将每日结余与实际库存现金核对,如有差异及时查明原因。会计主管不定期检查现金日报表。

每月末,会计主管指定出纳以外的人员对现金进行盘点,编制库存现金盘点表,将盘点金额与现金日记账余额进行核对。对冲抵库存现金的借条、未提现支票、未做报销的原始票证,在库存现金盘点报告中予以注明。会计主管复核库存现金盘点表,如果盘点金额与现金日记账余额存在差异,需要查明原因并报经财务经理批准后进行处理。

2.银行存款收支的业务活动和相关内部控制

银行存款收支的主要业务活动如图 13-2 所示。

(1)银行账户管理。企业的银行账户的开立、变更或注销须经财务经理审核,报总经理审批。

(2)编制银行存款余额调节表。每月末,会计主管指定出纳以外的人员核对银行存款日记账和银行对账单,编制银行存款余额调节表,使银行存款账面

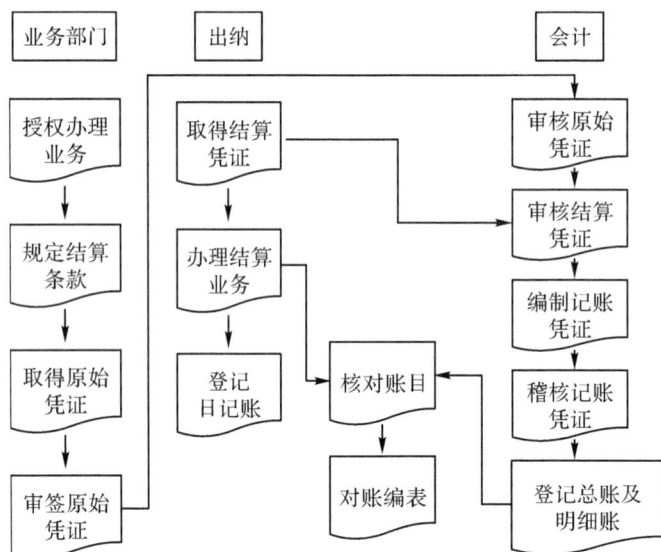

图 13-2 银行存款收支的主要业务活动

余额与银行对账单调节相符。如调节不符,查明原因。会计主管复核银行存款余额调节表。对需要进行调整的调节项目及时进行处理。

(3)票据及印章管理。企业应当加强银行预留印鉴的管理。财务专用章应由专人保管,个人名章必须由本人或其授权人员保管。严禁一人保管支付款项所需的全部印章。

三、了解货币资金循环业务活动和相关内部控制的程序

注册会计师通常实施以下程序以了解货币资金循环业务活动和相关内部控制:

(1)获取并阅读被审计单位的相关业务流程图或内部控制手册等资料。

(2)询问参与货币资金业务活动的被审计单位人员,如销售部门、采购部门和财务部门的员工和管理人员。

(3)观察货币资金业务流程中特定控制的执行,例如观察被审计单位的出纳人员如何进行现金盘点。

(4)检查相关文件和报告,例如检查银行存款余额调节表是否恰当编制及其中的调节项是否经会计主管的恰当复核等。

(5)实施穿行测试,即追踪货币资金在财务报告信息系统中的处理过程。

注册会计师通过上述程序了解货币资金的内部控制,对相关控制的设计和是否得到执行进行评价。

第二节 货币资金的重大错报风险

一、货币资金存在的重大错报风险因素

当被审计单位存在以下事项或情形时,可能表明存在舞弊风险,注册会计师需要保持警觉:

(1)被审计单位的现金交易比例较高,并与其所在的行业常用的结算模式不同。

(2)库存现金规模明显超过业务周转所需资金。

(3)银行账户开立数量与企业实际的业务规模不匹配。

(4)在没有经营业务的地区开立银行账户。

(5)企业资金存放于管理层或员工个人账户。

(6)货币资金收支金额与现金流量表不匹配。

(7)不能提供银行对账单或银行存款余额调节表。

(8)存在长期或大量银行未达账项。

(9)银行存款明细账存在非正常转账的"一借一贷"。

(10)违反货币资金存放和使用规定(如上市公司未经批准开立账户转移募集资金、未经许可将募集资金转作其他用途等)。

(11)存在大额外币收付记录,而被审计单位并不涉足外贸业务。

(12)被审计单位以各种理由不配合注册会计师实施银行函证。

(13)存在长期挂账的大额预付款项。

(14)付款方账户名称与销售客户名称不一致、收款方账户名称与供应商名称不一致。

(15)存在没有具体业务支持或与交易不相匹配的大额资金往来。

(16)存在大额自有资金的同时,向银行高额举债。

(17)开具的银行承兑汇票没有银行承兑协议支持。

(18)银行承兑票据保证金余额与应付票据余额比例不合理。

二、根据重大错报风险评估结果设计进一步审计程序的总体方案

注册会计师通过实施询问、观察、检查、分析程度等风险评估程序,了解被审计单位的内部控制及其他方面,进而评估重大错报风险。在此基础上,注册

会计师设计进一步审计程序的总体方案(包括综合性方案和实质性方案),继而实施控制测试和实质性审计程序,以应对识别出的重大错报风险。

第三节　货币资金的控制测试

一、库存现金的控制测试

在已识别的重大错报风险的基础上,注册会计师选取拟测试的控制并实施控制测试。以下举例说明几种常见的库存现金内部控制以及注册会计师相应可以实施的控制测试程序。

表 13-1　库存现金控制测试示例表

环节	关键内部控制	内部控制测试程序
现金付款的审批和复核	(1)部门经理审批本部门的付款申请,在复核无误后签字确认 (2)财务经理再次复核经审批的付款申请及后附相关凭据或证明,如核对一致,进行签字确认并安排付款	(1)询问部门经理和财务经理其在日常现金付款业务中执行的内部控制 (2)观察财务经理复核付款申请的过程,是否核对了付款申请的用途、金额及后附相关凭证,以及在核对无误后是否进行了签字确认 (3)重新核对经审批及复核的付款申请及相关凭证,并检查是否经签字确认
现金盘点	(1)会计主管指定应付账款会计每月末对库存现金进行盘点,编制库存现金盘点表,将盘点余额与现金日记账余额进行核对,并对差异调节项进行说明 (2)会计主管复核库存现金盘点表,如差异金额超过 2 万元,需查明原因并报财务经理批准后进行财务处理	(1)观察现金盘点程序是否按照盘点计划的指令和程序执行 (2)检查是否编制了现金盘点表并根据内控要求经财务部相关人员签字复核 (3)针对调节差异金额超过 2 万元的调节项,检查是否经财务经理批准后进行财务处理

二、银行存款的控制测试

在已识别的重大错报风险的基础上,注册会计师选取拟测试的控制并实施控制测试。以下举例说明几种常见的银行存款内部控制及注册会计师相应可以实施的控制测试程序。(见表 13-2)

表 13-2　银行存款控制测试示例表

环节	关键内部控制	内部控制测试程序
银行账户的开立、变更和注销	会计主管根据被审计单位的实际业务需要就银行账户的开立、变更和注销提出申请，经财务经理审核后报总经理审批	(1)询问会计主管被审计单位本年开户、变更、撤销的整体情况 (2)取得本年度账户开立、变更、撤销申请项目清单，检查是否经财务经理和总经理审批
银行付款的复核和审批	(1)部门经理审批本部门的付款申请，在复核无误后签字确认 (2)财务经理再次复核经审批的付款申请及后附相关凭证或证明，如核对一致，进行签字认可并安排付款	(1)询问部门经理和财务经理其在日常银行付款业务中执行的内部控制 (2)观察财务经理复核付款申请的过程，是否核对了付款申请的用途、金额及后附相关凭据，以及在核对无误后是否进行了签字确认 (3)重新核对经审批及复核的付款申请及其相关凭据，并检查是否经签字确认
编制银行存款余额调节表	(1)会计主管指定应收账款会计核对银行存款日记账和银行对账单，编制银行存款余额调节表，如存在差异项，查明原因并进行差异调节说明 (2)会计主管复核银行存款余额调节表，对需要进行调整的调节项目及时进行处理，并签字确认	(1)询问应收账款会计和会计主管银行存款余额调节表的编制和复核过程 (2)检查银行存款余额调节表 (3)针对调节项目，检查是否经会计主管签字复核

第四节　货币资金的实质性程序

一、库存现金的实质性程序

首先，核对库存现金日记账与总账的余额是否相符；检查非记账本位币库存现金的折算汇率及折算金额是否正确。

其次，监盘库存现金。可从以下几点考虑。

(1)制订监盘计划，确定监盘时间。企业盘点库存现金，通常包括对已收到但未存入银行的现金、零用金、找换金等的盘点。监盘范围一般包括被审计单位各部门经管的所有现金。如被审计单位库存现金存放部门有两处或两处以上，应同时进行盘点。盘点库存现金的时间和人员应视被审计单位的具体情况而定，但现金出纳员和被审计单位会计主管人员必须参加，并由注册会计师进行监盘。注册会计师应查看被审计单位制订的盘点计划，以确定监盘时间。对库存现金的监盘最好实施突击性的检查，时间最好选择在上午上班前或下午下班时。

(2)将盘点金额与现金日记账余额进行核对,如有差异,应要求被审计单位按管理权限批准后做出调整。

(3)在非资产负债表日进行盘点时,应调整至资产负债表日的金额。

(4)若有充抵库存现金的借条、未提现支票、未做报销的原始凭证,须在盘点表中注明,如有必要应做调整,特别关注数家公司混用现金保险箱的情况。

然后,抽查大额库存现金收支。检查原始凭证是否齐全、记账凭证与原始凭证是否相符、账务处理是否正确、是否记录在恰当的会计期间等项内容。

最后,检查库存现金是否在财务报表中做出恰当列报。

库存现金监盘表参考格式如下文所示。

库存现金监盘表

被审计单位名称:　　　索引号:　　　页次:

审计项目名称:　　　执行人:　　　复核人:

会计报表截止日:　　　执行日期:复核日期:

检查账目记录				现金盘点记录		
项目	行次	币种	金额	面额	数量	金额
一、盘点日(月　日)现金账面余额	1			100		
加:未记账收款金额	2			50		
减:未记账付款金额	3			20		
盘点日账面应有余额	4=1+2-3			10		
二、盘点日库存实有金额	5			5		
加:白条抵库	6			2		
盘点日库存实有金额	7=5+6			1		
三、盘点日现金应存与实存差异(溢余)	8=4-7			0.5		
四、追溯调整 加:报表日至盘点日现金付出数	9			0.1		
减:报表日至盘点日现金收入数	10			合计		
报表日现金实有金额	11=7+9-10			存放地点:		
报表日现金账面应存金额	12			盘点日期:年 月 日		
报表日应存与实存差额(溢余)	13=12-11			盘点人 出纳人员		
库存限额	14			会计主管		

情况说明及审计结论:

【案例13-2】　在对甲公司2019年度财务报表进行审计时,注册会计师小尉负责审计货币资金项目,以下是相关情况摘要:

(1)甲公司总部和营业部均设有出纳部门,为顺利监盘库存现金,注册会计师小尉在监盘前一天通知甲公司会计主管人员做好监盘准备。

(2)甲公司工作时间为每日上午九点至下午五点,考虑到出纳人员的日常工作安排,对总部和营业部库存现金的监盘时间分别定在上午八点和下午五点。

(3)监盘时,由出纳人员与注册会计师共同参与,出纳人员将现金放入保险柜,并将已办妥现金收付手续的交易登入现金日记账,结出现金日记账余额。

(4)由注册会计师小尉当场盘点现金,并将盘点金额与库存现金日记账余额进行核对。

(5)由注册会计师小尉编制"库存现金监盘表",在其签字后纳入审计工作底稿。

要求:针对上述第(1)—(5)项,指出库存现金监盘工作中存在的不当之处,并提出改进建议。

二、银行存款的实质性程序

(1)获取或编制银行存款余额明细表,复核加计是否正确,并与总账和日记账合计数核对是否相符。检查非记账本位币银行存款的折算汇率及折算金额是否正确。

小贴士

如果注册会计师对被审计单位银行账户的完整性存有疑虑,应亲自从中国人民银行或基本户开立银行查询并打印被审计单位的账户清单,以确认被审计单位账面记录的银行账户的完整性。

(2)实施实质性分析程序。计算银行存款累计余额应收利息收入,分析比较被审计单位银行存款应收利息收入与实际利息收入的差异是否恰当,评估利息收入的合理性,检查是否存在高息资金拆借,确认银行存款余额是否存在,利息收入是否已经完整记录。

（3）检查银行存款账户发生额。

①获取相关账户相关期间的全部银行对账单。

②如果对被审计单位银行对账单的真实性存有疑虑,注册会计师可以在被审计单位的协助下亲自到银行获取银行对账单。在获取银行对账单时,注册会计师要全程关注银行对账单的打印过程。

③从银行对账单中选取样本与被审计单位银行日记账记录进行核对;从被审计单位银行存款日记账上选取样本,核对至银行对账单。

④浏览银行对账单,选取大额异常交易,如银行对账单上有一收一付相同金额,或分次转出相同金额等,检查被审计单位银行存款日记账上有无该项收付金额记录。

（4）取得并检查银行对账单和银行存款余额调节表。取得并检查银行对账单和银行存款余额调节表是证实资产负债表中所列银行存款是否存在的重要程序。

①取得并检查银行对账单。

a. 将获取的银行对账单余额与银行日记账余额进行核对,如存在差异,获取银行存款余额调节表;

b. 将被审计单位资产负债表日的银行对账单与银行询证函回函核对,确认是否一致。

②取得并检查银行存款余额调节表

a. 检查调节后银行存款日记账余额与银行对账单余额是否一致。

b. 检查调节事项。

对于企业已收付、银行尚未入账的事项,检查相关收付款凭证,并取得期后银行对账单,确认未达账项是否存在,银行是否已于期后入账。对于银行已收付、企业尚未入账的事项,检查期后企业入账的收付款凭证,确认未达账项是否存在。

c. 关注长期未达账项,查看是否存在挪用资金等事项。

d. 特别关注银付企未付、企付银未付中支付异常的领款事项,包括没有载明收款人、签字不全等支付事项,确认是否存在舞弊。

银行存款余额调节表如下文所示。

银行存款余额调节表

被审计单位名称：　　　索引号：　　　页次：

审计项目名称：　　　执行人：　　　复核人：

会计报表截止日：　　　　　执行日期：复核日期：

银行名称及账号：		币种：	
企业银行存款日记账余额		银行对账单余额：	
加：银行已收,企业尚未入账金额		加：企业已收,银行尚未入账金额	
减：银行已付,企业尚未入账金额		减：企业已付,银行尚未入账金额	
调节后余额：		调节后余额：	

审计说明及调整分录：

审计结论：

(5)函证银行存款余额,编制银行函证结果汇总表,检查银行回函。

①向被审计单位在本期存过款的银行发函,包括零余额账户和在本期内注销的账户。通过向往来银行函证,注册会计师不仅可了解企业资产的存在,还可了解企业账面反映所欠银行债务的情况,并有助于发现企业未入账的银行借款和未披露的或有负债。

②确定被审计单位账面余额与银行函证结果的差异,对不符事项做出适当处理。

③在实施银行函证时,注册会计师需要以被审计单位名义向银行发函询证,以验证被审计单位的银行存款是否真实、合法、完整。

银行询证函(积极式)参考格式如下所示。

银行询证函(积极式)

编号：

XX银行：

本公司聘请的XX会计师事务所正在对本单位年度(或期间)的财务报表进行审计,按照中国注册会计师审计准则的要求,应当询证本单位与贵行的存款、借款往来等事项。下列数据出自本公司账簿记录,如与贵行记录相符,请在本函下端"信息证明无误"处签章证明;如有不符,请在"信息不符"处列明不符金额。有关询证费用可直接从本单位存款账户中收取。回函请直接寄至XX会计师事务所XX注册会计师。

通讯地址：

邮编：　　　　电话：　　　　传真：

截至　　　年　　　月日止,本公司银行存款、借款账户余额等列示如下：

1.银行存款

账户名称	银行账号	币种	利率	余额	起止日期(活期/定期/保证金)	是否被抵押或质押或其他限制	备注

除以上所述,本单位并无其他在贵行的存款。

2.银行借款

账户名称	币种	余额	借款日期	还款日期	利率	其他借款条件	抵(质)押品/担保人	备注

除以上所述,本单位并无其他自贵行的银行借款。

(盖章)

经办人：

　　　　年　　　月　　　日

结论：

经本行核对,所函证项目与本行记载信息相符。特此函复。

（盖章）

经办人：
　　年　　月　　日

经本行核对,存在以下不符之处。

（盖章）

经办人：
　　年　　月　　日

(6)抽查大额银行存款收支的原始凭证,检查原始凭证是否齐全、记账名字与原始凭证是否相符、账务处理是否正确、是否记录在恰当的会计期间等。

(7)检查银行存款收支的截止是否正确。

货币资金工作底稿参考格式

(8)关注是否存在质押、冻结等对变现有限制的情况或存在境外的款项。如果存在,是否已提请被审计单位做出必要的调整和披露。

(9)检查银行存单。编制银行存单检查表,检查是否与账面记录金额一致,是否被质押或者限制使用,存单是否为被审计单位所拥有。

①对已质押的定期存款,应检查定期存单,并与相应的质押合同核对,同时关注定期存单对应的质押借款有无入账。

②对未质押的定期存款,应检查开户证明书原件。

③对审计外勤工作结束日前已取款的定期存款,应核对相应的兑付凭证、银行对账单和定期存款复印件。

(10)检查银行存款是否在财务报表中做出恰当的列报。

复习题

一、判断题

(　)1.监盘库存现金通常采用突击的方式进行,现金出纳员不必始终在场。

(　)2.监盘库存现金必须有出纳员和被审计单位会计机构负责人参加,并由注册会计师亲自进行盘点。

(　)3.资产负债表日后进行库存现金盘点时,应倒推计算调整至资产负债表日的金额。

（　　）4.通常注册会计师以被审计单位名义直接向银行发询证函,并直接从银行获取回函,因此不能采用跟函的形式。

（　　）5.通过对银行存款余额调节表的审查,可以验证期末存款的真正余额。

（　　）6.若被审计单位某一银行账户已结清,注册会计师可不再向此银行函证。

（　　）7.对银行存款余额调节表的检查,只能用作实质性程序证实银行存款的存在及完整性,不能用作控制测试。

（　　）8.出纳可以兼任收入明细账和固定资产总账的登记工作。

（　　）9.出纳每月必须核对银行账户,针对每一银行账户分别编制银行存款余额调节表,使银行存款账目余额与银行对账单调节相符。

（　　）10.定期存款的审计中,对于已质押的定期存款,检查定期存单的复印件。

二、单项选择题

1.对库存现金实有数额的审计应通过对库存现金实施哪项程序来进行?（　　）

　　A.函证　　　　　　　　　　B.重新计算

　　C.分析程序　　　　　　　　D.监盘

2.核实银行存款的实有数额,采用（　　）开户银行取得资产负债表日银行存款数额的证明。

　　A.询问　　　　　　　　　　B.函证

　　C.重新计算　　　　　　　　D.监盘

3.下列不属于银行存款函证对象的是（　　）。

　　A.在本年存过款的所有银行

　　B.存款账户已结清的银行

　　C.直接取得银行对账单和所有已付支票的银行

　　D.往来单位的开户银行

4.向开户银行函证,可以实现许多目标,其中最基本的目标是证实（　　）。

　　A.银行存款的存在

　　B.是否有欠银行的债务

　　C.是否有漏列的负债

　　D.是否有充作抵押担保的存货

5.在进行年度财务报表审计时,为了证实被审计单位在临近12月31日签发支票未予入账,注册会计师实施的最有效审计程序是（　　）。

　　A.检查12月31日的银行存款余额调节表

　　B.函证12月31日的银行存款余额

    C. 检查 12 月 31 日的银行对账单

    D. 检查 12 月份的支票存根并追查至银行存款日记账

6. 注册会计师实施的下列程序中,属于控制测试程序的是(　　)。

    A. 取得银行存款余额调节表并检查未达账项的真实性

    B. 检查银行存款收支的正确截止

    C. 检查是否定期取得银行对账单并编制银行存款余额调节表

    D. 函证银行存款余额

7. 关于岗位分工及授权批准,以下做法中,恰当的是(　　)。

    A. 银行存款出纳同时编制银行存款余额调节表

    B. 现金出纳同时登记现金日记账

    C. 出纳兼任支出明细账的登记工作

    D. 现金出纳同时审核原始凭证、编制记账凭证

8. 假设 A 注册会计师负责审计甲公司 2019 年财务报表。在审查甲公司编制的某开户银行账户的银行存款余额调节表时,A 注册会计师注意到以下事项:该银行账户的银行对账单余额为 8,585,000 元,甲公司已收、银行尚未入账的销货款 200,000 元;甲公司已付、银行尚未入账的预付的材料款 150,000 元;银行已收、甲公司尚未入账的退回押金 235,000 元;银行已代扣、甲公司尚未入账的水电费 225,000 元。假定不考虑审计重要性水平。A 注册会计师审计后确认该账户的银行存款日记账余额是多少元?(　　)

    A. 8,615,000　　　　　　　　　　　B. 8,635,000

    C. 8,575,000　　　　　　　　　　　D. 8,595,000

9. 注册会计师在检查被审计单位 2019 年 12 月 31 日的银行存款余额调节表时,发现下列调节事项,其中有迹象表明不合理的是(　　)。

    A. "银行已收、企业未收"项目包含一项 2019 年 12 月 31 日到账的应收账款,被审计单位尚未收到银行的收款通知

    B. "企业已付、银行未付"项目包含一项被审计单位于 2019 年 12 月 31 日提交的转账支付申请,用于支付被审计单位 2019 年 12 月的电费

    C. "企业已收、银行未收"项目包含一项 2019 年 12 月 31 日收到的退货款,被审计单位已将供应商提供的支票提交银行

    D. "银行已付、企业未付"项目包含一项 2019 年 11 月支付的销售返利,该笔付款已经总经理授权,但由于经办人员未提供相关单据,会计部门尚未入账

10. 如果被审计单位某银行账户的银行对账单余额与银行存款日记账余额不符,最有效的审计程序是(　　)。

    A. 检查该银行账户的银行存款余额调节表

    B. 重新测试相关的内部控制

    C. 检查银行存款日记账中记录的资产负债表日前后的收付情况

    D. 检查银行对账单中记录的资产负债表日前后的收付情况

三、多选题

1. 对被审计单位而言,应当参加库存现金监盘的人员是(　　)。

    A. 被审计单位出纳人员

    B. 被审计单位管理层

    C. 注册会计师

    D. 被审计单位会计机构负责人

2. 注册会计师寄发的银行询证函(　　)。

    A. 以被审计单位的名义发往开户银行

    B. 以会计师事务所的名义发往开户银行

    C. 要求银行直接回函至会计师事务所

    D. 包括银行存款和借款余额等

3. 下列对监盘库存现金的表述正确的是(　　)。

    A. 监盘库存现金是证实资产负债表所列库存现金是否存在的一项重要程序

    B. 实施突击性检查,最好是上午上班前或下午下班时进行

    C. 在盘点之前,应由注册会计师将库存现金集中起来

    D. 对库存现金存放部门有两处或两处以上的,应同时进行盘点

4. 下列可能表明被审计单位货币资金存在重大错报风险的因素有(　　)。

    A. 被审计单位的现金交易比例较高,并与其所在的行业常用的结算模式
不同

    B. 库存现金规模明显超过业务周转所需资金

    C. 银行账户开立数量与企业实际的业务规模不匹配

    D. 在没有经营业务的地区开立银行账户

5. 以下审计程序中,属于货币资金的控制测试程序的有(　　)。

    A. 观察财务经理复核付款申请的过程,是否核对了付款申请的用途、金额及
后附相关凭据,以及在核对无误后是否进行了签字确认

    B. 重新核对经审批及复核的付款申请及其相关凭据,并检查是否经签字确认

    C. 针对调节项目,检查是否经会计主管签字复核

    D. 询问部门经理和财务经理其在日常现金付款业务中执行的内部控制

6. 货币资金审计涉及的凭证和会计记录主要有(　　)。

    A. 银行存款余额调节表　　　　　　B. 请购单

    C. 存货盘点表单　　　　　　　　　D. 银行对账单

7.下列选项中,属于审计库存现金的实质性程序的有(　　)。

　A.抽查资产负债表日前后若干天的、一定金额以上的现金收支凭证实施截
　　止测试

　B.检查库存现金是否在财务报表中做出恰当列报

　C.检查外币现金的折算方法是否符合有关规定,是否与上年度一致

　D.抽查大额库存现金收支

8.职责分离在货币资金业务内部控制中的具体表现有(　　)。

　A.出纳员不得兼任会计账目的登记工作

　B.定期轮岗

　C.不得由一个人办理货币资金业务的全过程

　D.严禁一人保管付款所需全部印章

9.对审批人超越授权范围审批的货币资金业务,经办人员应当(　　)。

　A.交由其他工作人员办理

　B.及时向审批人的上级授权部门报告

　C.拒绝办理

　D.按照审批人的批准意见办理

10.关于预留银行印鉴的管理,应做到(　　)。

　　A.财务专用章指定专人保管

　　B.必须由财务负责人保管

　　C.指定出纳员保管

　　D.个人名章由其本人或其授权人员保管

四、案例分析题

1.2020 年 1 月 8 日 16 时,注册会计师对甲公司的库存现金进行突击盘点。相
　关记录如下:

　(1)人民币:100 元币 11 张,50 元币 9 张,20 元币 5 张,10 元币 16 张,5 元币
　19 张,2 元币 22 张,1 元币 25 张。

　(2)已收款尚未入账的收款凭证 2 张,计 130 元。

　(3)已付款尚未入账的付款凭证 3 张,计 820 元,其中有 500 元白条。

　(4)2020 年 1 月 8 日的库存现金日记账余额为 1890.2 元,2020 年 1 月 1 日
　—8 日收入现金 4560 元,付出现金 3730 元,2019 年 12 月 31 日库存现金日
　记账余额为 1060 元。

　开户银行核定的库存限额为 1000 元。

　要求:编制库存现金盘点表,指出该公司库存现金管理存在的问题。

2.要求:针对下列第(1)—(5)项,逐项指出审计项目组的做法是否恰当。如不

恰当,提出改进建议。

ABC 会计师事务所负责审计甲公司 2019 年年度财务报表,审计项目组认为货币资金的存在和完整性认定存在舞弊导致的重大错报风险,审计工作底稿中与货币资金审计相关的部分内容摘录如下:

(1)2020 年 2 月 2 日,审计项目组要求甲公司管理层于次日对库存现金进行盘点,2 月 3 日,审计项目组在现场实施了监盘,并将结果与现金日记账进行了核对,未发现差异。

(2)因对甲公司提供的银行对账单的真实性存有疑虑,审计项目组要求甲公司管理层重新取得了所有银行账户的对账单,并现场观察了被审计单位打印对账单的过程,未发现异常。

(3)审计项目组未对年末余额小于 10 万元的银行账户实施函证,这些账户年末余额合计小于实际执行的重要性,审计项目组检查了银行对账单原件和银行存款余额调节表,结果令人满意。

(4)针对年末银行存款余额调节表中企业已开支票银行尚未扣款的调节项,审计项目组通过检查相关的支票存根和记账凭证予以确认。

(5)审计项目组发现×银行询证函回函上的印章与以前年度的不同,甲公司管理层解释×银行于 2019 年中变更了印章样式,并提供了×银行的收款回单,审计项目组通过比对印章样式,认可了甲公司管理层的解释。

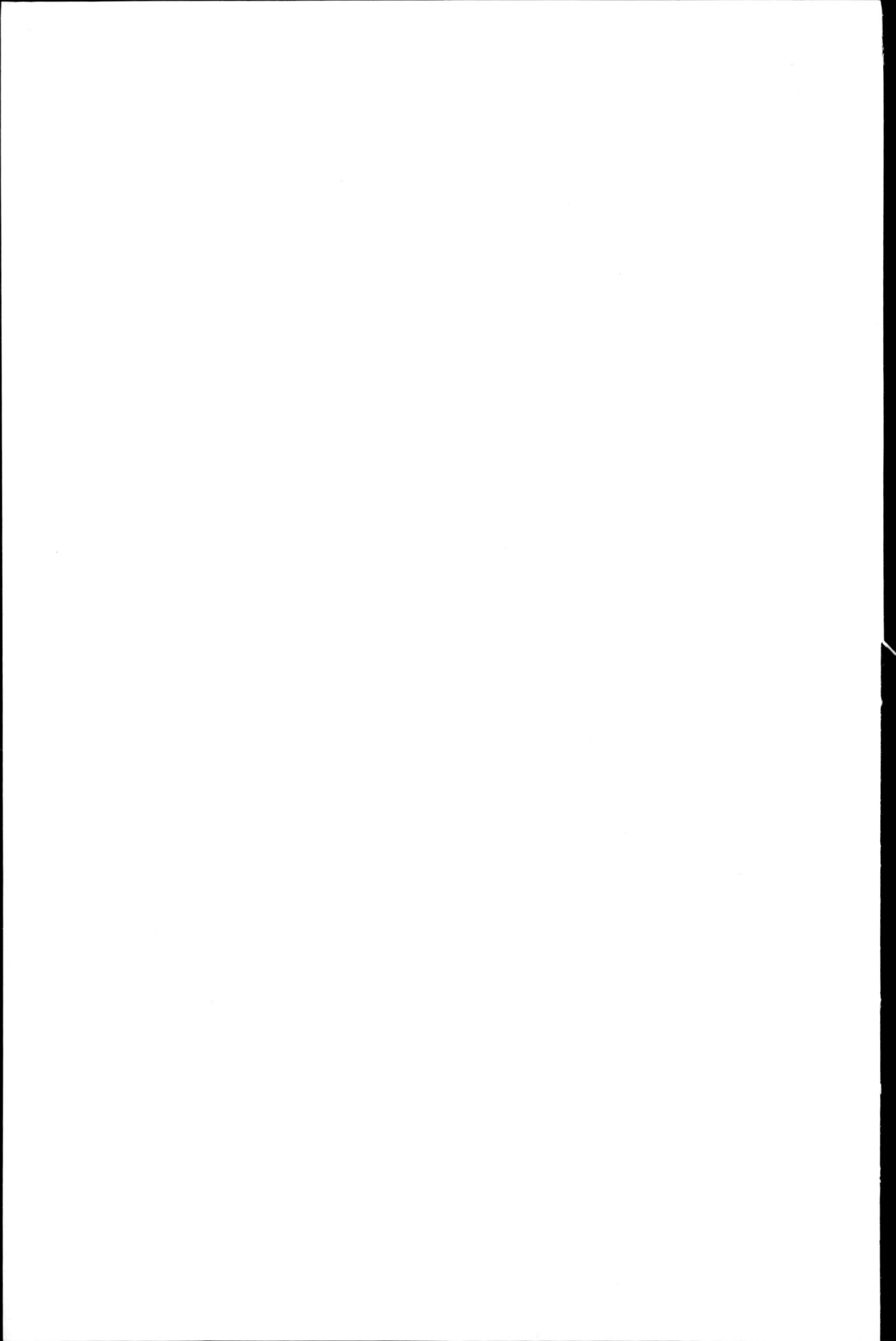